Robert Zelle

Ein deutsches Lebensbild

Nach dem Original von 1862
herausgegeben von Hansjörg Walther.

Libera Media

2015

V. i. S. d. P.:
Dr. Hansjörg Walther
Schwarzburgstraße 7
60318 Frankfurt am Main
Deutschland

ISBN-13: 978-1517212933

ISBN-10: 1517212936

Inhalt

Einleitung

Der Autor

Robert Zelle wurde 19. September 1829 als Sohn eines Gymnasialprofessors in Berlin geboren. Dort und in Bonn studierte er von 1848 bis 1851 Rechtswissenschaften. Danach trat er in den preußischen Staatsdienst ein, wurde 1853 Referendar und 1856 Assessor. Er war beim Berliner Stadtgericht und in der Redaktion des „Preußischen Handelsarchivs" tätig, die zum preußischen Handelsministerium gehörte. 1861 wurde Robert Zelle schließlich besoldeter Stadtrat im Berliner Magistrat.

Ab 1863 war Robert Zelle für acht Jahre Redakteur des „Berliner Kommunalblattes". Immer wieder trat er neben seiner amtlichen Tätigkeit an die Öffentlichkeit, so etwa 1862 mit der hier wiederveröffentlichten Rede oder 1867 mit dem Vortrag über *„Waisenpflege und Waisenkinder in Berlin"*, der in der Sammlung Gemeinverständlicher Wissenschaftlicher Vorträge von Rudolf Virchow und Franz von Holtzendorff abgedruckt wurde.[1] Zudem war er der Autor des *„Handbuchs des geltenden öffentlichen und Privatrechts für das Gebiet des preußischen Landrechts"* und des Buches *„Die Städteordnung von 1853 in ihrer heutigen Gestalt"*.

Robert Zelle gehörte der Deutschen Fortschrittspartei an, ab 1884 deren Nachfolgepartei, der Deutsch-Freisinnigen Partei, und ab 1893 der Freisinnigen Volkspartei unter der Führung von Eugen Richter. Diese Parteien vertrat er ab 1873 im Preußischen Abgeordnetenhaus. 1891 wurde er als Bürgermeister in Berlin und im Jahr darauf als Nachfolger des verstorbenen Max von Forckenbeck zum Oberbürgermeister der Stadt gewählt. Eine Bestätigung durch den Kaiser war zunächst wegen Robert Zelles politischer Ausrichtung unklar. Auch hatte er sich wiederholt gegen die staatliche Einmischung in die städtische Selbstverwaltung gewandt, besonders durch den Polizeipräsidenten. Schließlich erfolgte die Berufung dann aber doch.

Als Oberbürgermeister von Berlin wurde Robert Zelle zugleich auch Mitglied des Preußischen Herrenhauses. Er übte seine Ämter allerdings nur bis Ende September 1898 aus, obwohl er für zwölf Jahre gewählt worden war. Grund hierfür war sein fortge-

---

[1] *Neuausgabe bei Libera Media.*

schrittenes Alter. In seine Amtszeit fallen der Bau des Reichstagsgebäudes und der Kaiser-Wilhelm-Gedächtniskirche sowie die Inbetriebnahme der ersten elektrischen Straßenbahn. Allseits wurde seine versöhnliche und sachorientierte Politik anerkannt.

Robert Zelle lebte in seinen letzten Jahren in der Luisenstadt und auf dem Rittergut seines Schwiegersohnes in Meseburg. Am 24. Januar 1901 starb er dort an den Folgen einer Lungenentzündung.

Hansjörg Walther

Der Hintergrund

Im Jahre 1862 hält Robert Zelle eine vielbeachtete Rede mit dem Titel *„Ein deutsches Lebensbild"*. Am Anfang entschuldigt er sich bei seinen Zuhörern, daß er sie in die Irre geführt haben könnte. In seinem Vortrag gehe es nämlich nicht um eine berühmte Persönlichkeit, sondern um einen einfachen Schneidergesellen: Johann Leidemit aus Mecklenburg-Schwerin. Dessen Schicksal habe ihm erschreckend vor Augen geführt, *„was noch heute Alles mit einem deutschen Unterthan von Gesetzes wegen gemacht werden kann."* Und das Schlimmste dabei sind die verschlossenen Grenzen in Deutschland.

In jener Zeit gibt es kein Deutschland, sondern nur den Deutschen Bund, eine lose Föderation von einundvierzig Staaten. Zwar sichert die Bundesakte von 1815 zu, daß jeder seinen Wohnsitz frei wählen darf. Doch das gilt nur, wenn er von einem Staat aufgenommen wird. Darauf hat aber niemand ein Anrecht. Und die Staaten schotten sich gegen Ausländer ab, auch gegen „deutsche Ausländer". Man möchte möglichst keine „Wirtschaftsflüchtlinge" aufnehmen, wie man es heute nennen würde. Ja es ist noch schlimmer: Innerhalb der meisten Länder ist sogar die Freizügigkeit zwischen den Gemeinden beschränkt. Besonders paradox ist die Gesetzgebung im Herzogtum Nassau: Ein Zuzügler wird erst dann in einer Gemeinde aufgenommen, wenn er sich dort von seiner Arbeit ernähren kann. Um eine Arbeit aufnehmen zu dürfen, muß er aber vorher in der Gemeinde zugelassen sein.

Am erbärmlichsten geht es allerdings den Menschen in Mecklenburg. Dort ist zwar 1820 die Leibeigenschaft endlich abgeschafft worden. Doch die feudalen Herren haben es so eingerichtet, daß die Untertanen *de facto* weiter an den Boden gekettet sind. Landarbeiter haben fast keine Chance, einen Hof zu erwerben. Und die Anzahl der zugelassenen Handwerker ist seit einem Jahrhundert von Staatswegen fest vorgeschrieben. So darf es pro Ort nur einen Schneider geben, und alle Stellen sind schon lange besetzt. Es verwundert von daher nicht, dass der Schneidergeselle Johann Leidemit sein Glück in der Fremde suchen muß. Viele seiner mecklenburgischen Landsleute zieht es über den Ozean, wo sie eine eigene Farm erwerben und frei leben können. Frankreich ist ebenfalls als Ziel beliebt. Die Franzosen genießen seit der Revolution volle Freizügigkeit, und auch für Ausländer stehen die Grenzen offen. In Belgien wird sogar aktiv um Einwanderer geworben. Doch nicht in Deutschland, ganz im Gegenteil.

Robert Zelle hält seinen Vortrag nicht von ungefähr. Dieser gehört zu einer umfassenden Kampagne liberaler Politiker und Volkswirte, die die unerträglichen Zustände in Deutschland ändern wollen. Allgemeine Freizügigkeit steht bei ihnen oben auf der Agenda. Eine zentrale Rolle spielt dabei der 1858 begründete Kongreß deutscher Volkswirte, dem liberale Ökonomen, Publizisten und Politiker angehören. Als eine Art wirtschaftspolitisches Parlament hält man jährlich an wechselnden Orten Konferenzen ab. Die dort diskutierten und verabschiedeten Positionen werden über Bücher, wissenschaftliche Zeitschriften und die liberale Presse in die Öffentlichkeit getragen. Zwei Männer an der Spitze des Kongresses deutscher Volkswirte sind es vor allem, die sich des Themas Freizügigkeit annehmen: Wilhelm Lette[1], der 1848 der Nationalversammlung in der Paulskirche angehörte und sich im „Zentralverein für das Wohl der arbeitenden Klassen" engagiert, und Karl Braun[2], der 1859 als Präsident des Nassauischen Parlaments eine der liberalsten Regelungen zur Freizügigkeit durchsetzt. Die beiden kommen aus unterschiedlichen Richtungen zu der Ansicht, dass die Grenzen in Deutschland aufgemacht werden müssen. Für Wilhelm Lette ist die Freizügigkeit „das wichtigste Grundrecht der arbeitenden Klassen", mit dem diese ihre Lage verbessern können. Für Karl Braun ist sie ein integraler Teil der Gewerbefreiheit, an der es in Deutschland mangelt.

---

[1] *Bei Libera Media als Neuausgabe: Wilhelm Lette: „Die Freizügigkeit, das wichtigstes Grundrecht der arbeitenden Klassen".*

[2] *Als Neuausgaben bei Libera Media: Karl Braun: „Die Freizügigkeits-Gesetzgebung der Schweiz" sowie „Studien über Freizügigkeit".*

Einleitung

Obwohl die Ausgangslage mit Grenzen kreuz und quer durch Deutschland aus heutiger Sicht bizarr erscheint, sind die Diskussionen nur allzu vertraut. Gegen die Freizügigkeit wird ins Feld geführt, daß bei offenen Grenzen Vagabunden und Bettler in Masse einwandern, was zu mehr Kriminalität führen werde. Die Armen würden dorthin strömen, wo es die angenehmsten Armenhäuser gebe, was die kommunalen und staatlichen Finanzen in den Ruin treiben werde. Und während man die Einwanderer als im heutigen Jargon „Sozialtouristen" fürchtet, hat man gleichzeitig, wenn auch nicht leicht vereinbar, die Sorge, sie würden mit ihrer harten Arbeit die Einheimischen zu Tode konkurrieren. Und dann gibt es noch Vorbehalte, daß Zuwanderer die Gemeinden politisch übernehmen und sich deren Vermögen aneignen könnten.

Die Volkswirte des Kongresses argumentieren dagegen, daß gerade geschlossene Grenzen die Probleme verfestigen und sogar verschlimmern, gegen die sie helfen sollen. Wer einmal straffällig geworden ist, der kommt nie wieder aus seiner Gemeinde heraus und wird dort ins Abseits gedrängt. So werde er auf seiner abschüssigen Bahn gehalten. Könnte er dorthin ziehen, wo seine Vorgeschichte nicht bekannt ist und wo es Arbeit für ihn gibt, so habe er eine Chance, sich wieder zu etablieren. Die Sorge, dass Arme angelockt würden, beruhe oftmals auf einer illusionären Selbsteinschätzung der Gemeinden. Wenn man sich aber hiervor fürchte, brauche man jemandem nicht zu verwehren, sich anzusiedeln und einer Arbeit nachzugehen. Eine solche „Niederlassungsfreiheit" müsse nicht mit der Verpflichtung zur Armenpflege einhergehen. Das „Heimatrecht" (jemand darf nicht ausgewiesen und muß versorgt werden) könne man erst nach einer Wartezeit verleihen, während der die Heimatgemeinde weiter zuständig bleibe. Genauso lasse sich die Freiheit der Niederlassung von der Aufnahme als Bürger mit aktivem und passivem Wahlrecht und von der Beteiligung am Gemeindevermögen, der sogenannten Realgemeinde, trennen. Damit sei die Sorge gegenstandslos, daß die Zugezogenen sich auf Kosten der Eingesessenen bedienen.

Indem man aber Menschen verwehre, dorthin zu ziehen, wo sie mit ihrer Arbeit am produktivsten sein könnten, verdamme man sie dazu, in hoffnungslosen Gegenden zu bleiben. Hierdurch erhalte, ja erzeuge man geradezu die Verarmung, gegen die man dann durch Abschottung vorgehen wolle. Am ärmsten seien schließlich diejenigen Staaten, die die Freizügigkeit am meisten behindern, wie etwa Mecklenburg oder Bayern. Und durch eine verbesserte Arbeitsteilung bei offenen Grenzen werde der Wohlstand für alle steigen, während man mit dem Versuch, überlebte Strukturen durch Zwang zu erhalten, höchstens die Stagnation verwalte. Jeder Einwanderer sei ein Gewinn, das gelte nicht nur für Deutsche, sondern für alle Menschen. Je mehr Einwanderer, desto besser.

Einleitung

Die Forderungen der Volkswirte werden 1863 in einer Resolution ihrer Jahresversammlung in Dresden zusammengefaßt[1]. Die ersten beiden Punkte lauten dabei:

1. Es soll Jedermann, welcher Gemeinde, welchem Lande oder welcher Nation er auch angehören mag, gestattet sein: an jedem Orte, wo er will, seinen Aufenthalt und Wohnsitz zu nehmen, auch jeden an sich erlaubten Nahrungszweig zu betreiben, sich zu verheirathen und eine Familie zu gründen, desgleichen Grundeigenthum zu erwerben.

2. Dieses Recht soll nicht auf Inländer beschränkt, auch weder von dem Erforderniss der Gegenseitigkeit, noch von Einzugsgeldern, oder von sonstigen lästigen und beschränkenden Bedingungen abhängig gemacht werden.

Hingegen wird vorgeschlagen, das „Heimatrecht" erst nach einer Wartezeit von drei Jahren zu gewähren. Für die Aufnahme als Bürger und die Beteiligung am Gemeindevermögen könne es durchaus engere Regelungen geben, auch wenn eine offene Praxis wünschenswert sei. Während es ungerecht sei, für die Niederlassung „Einzugsgelder" zu verlangen, sei ein „Aufnahmegeld" für die Beteiligung am Gemeindevermögen nicht unbillig.

---

[1] *Die vollständige Resolution und die Debatte auf dem Kongreß sind im Anhang zu der Neuausgabe des Buches von Karl Braun wiedergegeben: Die Freizügigkeits-Gesetzgebung der Schweiz. Libera Media, 2015.*

Auch wenn der Kongreß deutscher Volkswirte sehr erfolgreich die öffentliche Meinung für die Freizügigkeit einzunehmen weiß, geht es trotzdem erst einmal nicht voran. Mit dem Deutschen Krieg wird allerdings eine Veränderung greifbar, und so ruft der Kongreß deutscher Volkswirte 1866 wieder zur Einführung der Freizügigkeit auf. Seine führenden Mitglieder, wie etwa Wilhelm Lette und Karl Braun, werden 1867 in den neuen Reichstag des Norddeutschen Bundes gewählt. Aus dem informellen Parlament ist damit ein richtiges geworden. Und nun nehmen die Volkwirte das Heft in die Hand. Dem liberalen Zeitgeist, den sie mitgeprägt haben, kann sich selbst Bismarck nicht entziehen. Als eine der ersten Reformen schafft der erste Reichstag des Norddeutschen Bundes mit dem Paßgesetz von 1867 die Pass- und Visapflicht ab. Dabei ist aus heutiger Sicht bemerkenswert, daß dies nicht nur für die Bürger des Norddeutschen Bundes, sondern auch für alle Ausländer gilt. Später im Jahr folgt das Gesetz über die Freizügigkeit. Die vom Reichstag eingesetzte Kommission wird von Karl Braun im Plenum vertreten. Wie beim Paßgesetz dreht sich die Debatte nur um einige Nebenfragen. Und Kritik kommt bloß von denjenigen, die noch weiter gehen möchten. Die Freizügigkeit im Norddeutschen Bund wird schließlich 1871 auf ganz Deutschland ausgedehnt.

Das Buch

Das Buch „*Ein deutsches Lebensbild*" wird im September 1862 zum ersten Male erwähnt, so etwa in der Ausgabe der Deutschen Gemeinde-Zeitung vom 20. September 1862 (dort auf Seite 471) und in der Ausgabe vom 30. September 1862 des Central-Anzeigers für Freunde der Literatur, (dort auf Seite 139). Kurze Notizen finden sich überdies am 1. Oktober 1862 in den Blättern für literarische Unterhaltung sowie in den Deutschen Jahrbüchern für Politik und Literatur (Band 5, Fußnote Seite 349).

Im Oktober folgen dann kurze Besprechungen in den „Deutschen Blättern", einer Beilage zur weit verbreiteten „Gartenlaube", und sehr ähnlich lautend auch in der Kempter Zeitung vom 31. Oktober 1862 (79. Jahrgang, Nr. 260) sowie vermutlich noch weiteren regionalen Zeitungen.[1]

Eine gekürzte Version des Vertrages[2] erscheint am 2. Oktober 1862 in der „Presse" in Wien (dort unter dem Strich auf den Seiten 1 bis 3). Fast gleiche Versi-

---

[1] *Die Besprechung aus den „Deutschen Blättern" ist im Anhang zu diesem Buch wiedergegeben.*

[2] *Siehe hierzu „Ein deutsches Schneidergesellenleben" im Anhang dieses Buches.*

onen finden sich als Fortsetzung vom 11. bis 14. Oktober 1862 zudem im „Regensburger Morgenblatt", in der Beilage Nr. 28 zum Volksfreund und den Didaskalia, Blätter für Geist und Gemüth und Publizität, Band 20, 12. Oktober 1862, in diesem Fall unter dem Titel *„Ein langsamer Justizmord"*.

Die Schrift wird außerdem vom Abgeordneten Pflücker am 4. Oktober 1862 im Preußischen Abgeordnetenhaus zur Lektüre empfohlen und ebenso von Wilhelm Lette bei der Tagung des Kongresses deutscher Volkswirte 1862 (vgl. Archiv für Gesetzgebung und Statistik, Band 14, Ausgabe 2, Seite 356).

Der vielfache Verweis führt auch zu einer regen Nachfrage nach dem Buch, das durch zwei Auflagen geht. Bis 1863 scheint der Fall des Schneiders Leidemit allgemein bekannt zu sein. Karl Braun verweist etwa ganz beiläufig darauf in seinen *„Studien über Freizügigkeit"*[1], ohne eine weitere Erläuterung für nötig zu halten.

---

[1] *Neuausgabe bei Libera Media. Wörtlich heißt es da: „Bekanntlich war der Schneider Leidemit nicht preussischer, sondern mecklenburgischer Staatsbürger."*

Einleitung

Zur Edition

Die vorliegende Wiederveröffentlichung der Schrift von Robert Zelle folgt dem Original von 1862. Sperrungen zur Hervorhebung wurden nachgeahmt.

Die Fußnoten stammen vom Herausgeber. Bei der Kommentierung wurden im Zweifelsfall eher zu viele als zu wenige Worte und Sachverhalte erläutert, da für heutige Leser vieles vielleicht nicht mehr unmittelbar verständlich ist und keine hohen Anforderungen an das Hintergrundwissen gestellt werden sollten.

In eckigen Klammern und mit kleinen Lettern ist die ursprüngliche Paginierung vermerkt, wobei im Fall von Trennungen zusätzliche Bindestriche nach der Seitenzahl eingefügt wurden. Bei Überschriften wurde die Paginierung aus ästhetischen Gründen nach diesen vermerkt.

Im Anhang findet sich als zusätzliches Material:

1. Eine Besprechung aus den „Deutschen Blättern" von 1862.

2. Die gekürzte Fassung aus der Wiener Zeitung „Die Presse" vom 2. Oktober 1862.

Ein deutsches Lebensbild

Vortrag von R. Zelle.

Sollte ich noch einmal geboren werden, so möchte
ich nicht, daß es wieder in Deutschland wäre.

v . Lasaulx[1].

[3] Durch die Ankündigung meines Vortrages habe
ich Sie, wie ich fürchte, alle getäuscht. „Ein deutsches
Lebensbild." Sie erwarten die Schilderung eines Hero-
en unserer Nation; Sie denken vielleicht an Karl den
Großen, der mitten durch das Getümmel der Kriegs-
und Staatsgeschäfte im fernen Frankenreiche deutsche
Sitte und Sprache pflegte; oder an Luther und Ulrich
von Hutten[2], die der geistigen Freiheit unseres Volkes

---

[1] *Ernst von Lasaulx (1805-1861) war ein bayerischer Philologe
und Geschichtsphilosoph, später Rektor der Universität München. 1848 war er Mitglied der Nationalversammlung in der
Paulskirche (Fraktion Café Milani), von 1849 an gehörte er der
Kammer der Abgeordneten im Bayerischen Landtag an.*

[2] *Ulrich von Hutten (1488-1523) war ein deutscher Reichsritter,
Dichter und Humanist zur Zeit der Reformation.*

1

ihr Leben widmeten; oder an den Dichter Seume[1], der als deutsche Ausfuhrwaare mit den hessischen Landeskindern nach Amerika verhandelt ward[2], oder an den deutschen Jüngling, Theodor Körner[3], oder den urdeutschen Alten im Barte, den Turnvater Jahn[4], oder an ähnliche deutsche Größen. So hoch indessen versteige ich mich nicht. Die Existenz, von der ich reden will, ist die bescheidenste von der Welt. Es handelt sich um nichts weiter, als um einen d e u t s c h e n S c h n e i d e r g e s e l l e n. Aber auch hier könnte ich falsche Erwartungen erwecken. Vielleicht denken Sie nun an einen Mann, wie den Distelmeyer[5], der von der Schneiderwerkstatt sich zum Kanzler aufschwang und

---

[1] *Johann Gottfried Seume (1763-1810) war ein deutscher Dichter und Schriftsteller.*

[2] *Seume wurde 1781 auf einer Reise von Leipzig nach Paris von Soldatenwerbern in die Armee des Landgrafen von Hessen-Kassel gepreßt. Die Soldaten wurden an England vermietet, um gegen die amerikanischen Revolutionäre zu kämpfen.*

[3] *Carl Theodor Körner (1791-1813) war ein deutscher Dichter und Dramatiker zur Zeit der Befreiungskriege gegen Napoleon.*

[4] *Johann Friedrich Ludwig Christoph Jahn (1778-1852) war ein deutscher Pädagoge und der Gründer der Turnbewegung. Er wurde wegen seines wallenden Vollbarts auch der „Alte im Barte" genannt.*

[5] *Lampert Distelmeyer (1522-1588) war der Sohn eines Schneiders und später Kanzler der Mark Brandenburg. Robert Zelle irrt hier, daß Distelmeyer selbst als Schneider gearbeitet hatte.*

unter Joachim II.[1] das Kurfürstenthum Brandenburg regierte, oder an den alten Dörflinger[2], der den Schneidergesellen-Ranzen fortwarf und Feldmarschall beim großen Kurfürsten[3] wurde; — nein; mein Schneidergeselle hat niemals die Scheere mit der Feder oder dem Schwerdte vertauscht. Als Schneider hat er gelebt, als [4] Schneider ist er gestorben, und bei seinem Begräbnisse war kein Sang und kein Klang, und Niemand zugegen, als der Knecht des Todtengräbers und der Schulze[4] eines Dorfes, der nachsah, daß Alles so billig wie möglich besorgt wurde.

Sie fragen mit Recht, wie ich denn dazu komme, Ihnen die Geschichte von solch einem dunkelen Schneidergesellen aufzutischen. Das geht so zu: Durch Zufall kam mir vor Kurzem ein Actenstück in die Hände, das von dem Schneidergesellen J o h a n n

---

[1] *Joachim II. Hector (1505-1571) war von 1535 bis 1571 Kurfürst von Brandenburg.*

[2] *Georg von Derfflinger (1606-1695) war Feldmarschall unter Friedrich Wilhelm von Brandenburg und Statthalter von Pommern.*

[3] *Friedrich Wilhelm von Brandenburg (1620-1688), nach der Schlacht von Fehrbellin 1675 gegen schwedische Truppen erhielt er den Beinamen der „Große Kurfürst".*

[4] *Ein Schulze ist zu der Zeit ein Ortsvorsteher mit Kompetenzen etwa eines heutigen Bürgermeisters. Ursprünglich hatte der Titel mehr die Bedeutung eines Dorfrichters, der in lokalen Angelegenheiten Recht sprach.*

Robert Zelle

Leidemit handelt; ein dickleibiges Heft von mehreren hundert Bogen, eigentlich aus zweien Aktenstücken zweier Polizei- oder Verwaltungsbehörden zusammengesetzt. Als ich es durchblättert hatte, trat mir erschreckend vor die Augen, was noch heute Alles mit einem deutschen Unterthan von Gesetzes wegen gemacht werden kann. In dieser Beziehung ist das Actenstück in der That lehrreich, und Sie erlauben mir, die hauptsächlichsten Stellen daraus mit Ihnen durchzugehen. Wenn ich dabei die Namen der in Betracht kommenden Orte und Behörden verändere oder verschweige, so thut dies dem Vortrage selbst keinen Eintrag[1]; es kommt ja nur darauf an, daß dasjenige, was ich Ihnen referire, sachlich auf einem im Wesentlichen vollkommen actenmäßigen Auszuge beruht.

Die ersten Blätter der Acten zeigen uns den Schneidergesellen Leidemit im Criminalgefängnisse[2]. Er war 1855 aus seinem Heimathsdorfe Foppelow bei Teterow in Mecklenburg-Schwerin[3] nach einer großen

---

[1] *Nachteil*

[2] *Gefängnis für Untersuchungsgefangene*

[3] *Es gab zwei Großherzogtümer, Mecklenburg-Schwerin und Mecklenburg-Strelitz, die von verwandten Häusern regiert wurden. Bismarck wird der Spruch zugeschrieben, er werde bei einem Weltuntergang nach Mecklenburg ziehen, weil dort alles fünfzig Jahre später passiert. Tatsächlich sind die beiden Mecklenburgs wohl die rückständigsten Staaten in Deutschland, wo die Leibeigenschaft erst spät abgeschafft wird, Juden rechtlich zurückgesetzt sind oder die Prügelstrafe noch gilt. Die arme Be-*

preußischen Stadt gekommen.[1] Hier begab es sich, daß eine Frau Geheimräthin bestohlen wurde, bei der seine Schwester diente[2]. Er hatte die Schwester häufig besucht, besonders des Abends, wenn er von der Arbeit kam. Also Grund genug zu der Annahme, daß er der Thäter sei. Am 11. December ward er verhaftet, und vom 18. December datirt der polizeiliche Rapport[3]: Leidemit wegen gewaltsamen Diebstahls an das Gericht abgegeben. Als er in das Crimi-[5]-nal-Gefängniß gesperrt ward, fand er dort schon einen Mann im Anzuge der rückfälligen Verbrecher vor. Dieser Mann lief umher wie ein Tiger in der Menagerie[4], stieß Flüche und gräuliche Verwünschungen aus, und erzählte dem Leidemit, er habe schon früher mehrmals gesessen und jetzt seinen Prinzipal[5] um

---

völkerung stellt dementsprechend ein großes Kontingent der Auswanderer nach Amerika.

[1] *Der Ablauf ist etwas unklar. Nach den Angaben weiter unten zum Wanderbuch, das Johann Leidemit als Geselle auf der Wanderschaft führen muß und in dem die notwendigen Visa, usw. vermerkt sind, scheint er schon Anfang der 1850er nach Preußen gekommen zu sein. Der Ablauf der Geschichte legt auch nahe, daß er vor der Verhaftung schon eine Weile am Ort gewesen ist.*

[2] *als Dienstmädchen arbeitete.*

[3] *Bericht*

[4] *Höfische Tierhaltung, hier im Sinne eines Zoos.*

[5] *Chef*

2000 Thlr.[1] bestohlen. Man könne ihm jedoch nichts nachweisen, er komme in Folge dessen am nächsten Tage frei und wolle dann Leidemit gern von draußen behülflich sein. Dazu sei indeß nöthig, daß dieser ihm ganz offen seine That erzähle. Im Laufe des Gespräches, welches hieran sich anknüpfte, will er nun von Leidemit gehört haben, daß dieser um den Diebstahl bei der Geheimräthin gewußt hätte. — Der Untersuchungs-Richter, der den Mann als Zeugen vernahm, erfuhr, daß derselbe sich täglich von der Polizei in die Gefängnisse zu neu anlangenden Gefangenen einsperren lasse, und hiergegen eine Renumeration von 10 bis 12 Sgr.[2] für jedes Mal beziehe. Seine Frau besorgte, wie er angab, dies Geschäft für den gleichen Preis bei den weiblichen Gefangenen. Sie spielten die vorher angedeutete Comödie und suchten von den Gefangenen, indem sie selber erdichtete Verbrechen auftischten, Geständnisse herauszubringen. Der Untersuchungs-Richter, vor dem der Mann die Bekundung über Leidemits Geständniß übrigens nur sehr unbestimmt wiederholte, fand den Zeugen nicht eben glaubwürdig, theils seines beschriebenen Gewerbes

---

[1] *Preußischer oder Graumannscher Reichstaler, dieser entsprach später drei Mark. Ein Arbeiter kann in der Zeit einige hundert Taler im Jahr verdienen, sodaß 2000 Taler er sehr großer Betrag sind.*

[2] *Silbergroschen mit dem Verhältnis: 1 Taler = 30 Silbergroschen = 360 Pfennige*

wegen, theils weil er in der That zu Leidemit die Wahrheit gesagt hatte, wenn er äußerte, er habe früher schon mehrmals gesessen. Die Ordre[1] zu Leidemits Entlassung ward beantragt, aber die Staatsanwaltschaft widersprach. So ging die Sache an's Obergericht[2], und die Gelehrten stritten sich so lange, bis Leidemit 20 volle Wochen eingesperrt gewesen war. Endlich überzeugte man sich durch ein Geständniß Seitens der wirklichen Diebe von seiner Unschuld und nach Mitte Mai 1855 kam er los.[3] — Das [6] nächste Blatt der Acten trägt die Jahreszahl 1857. Ist es etwa wieder eine Haft-Anzeige? Ist Leidemit durch den zwanzigwöchentlichen Aufenthalt unter Verbrechern vielleicht jetzt wirklich auch Verbrecher geworden? Keineswegs. Wir sehen ein Attest[4] eines Schneidermeisters Herzog, worin bezeugt wird, daß er die ganze Zeit seit seiner Entlassung bei diesem in Arbeit gestanden, und sich in jeder Hinsicht musterhaft geführt habe. Leidemit überreicht dies Attest mit einem Gesuche um ein Führungsattest. Letzteres wird von seiner Heimathsbehör-

---

[1] *Befehl, Anweisung*

[2] *Übergeordnetes Gericht, bei dem Revision eingereicht werden kann.*

[3] *Gemeint ist wohl 1856, denn er wird im Dezember 1855 verhaftet. Oder oben muß es stattdesen 1854 heißen.*

[4] *Bescheinigung*

de[1] verlangt, die er um einen „Heimathsschein"[2] ersucht hat. Diesen wiederum muß er haben, um ein Naturalisations-Gesuch[3], welches er anzubringen beabsichtigt, zu begründen. Da dies Gesuch, preußischer Unterthan zu werden, sich durch die ganze Geschichte von Leidemit hindurchzieht, so erlauben Sie mir, Ihnen den §. 7. des Gesetzes vom 31. December 1842 vorzulesen, welcher die Bedingungen für die Naturalisation aufzählt. Derselbe lautet:

Die Eigenschaft als Preuße soll nur solchen Ausländern verliehen werden, welche:

---

[1] *Der Begriff "Heimat" bezeichnet heute eine gefühlsmäßige Bindung an den Herkunftsort. In jener Zeit handelt es sich aber um einen technischen Begriff: Die Heimat ist diejenige Gemeinde, die jemanden bei Verarmung zurücknehmen und verpflegen muß. Aus der Heimat darf man nicht abgeschoben werden. Man bekommt eine Heimat normalerweise durch Geburt, nämlich die Heimat des Vaters, bzw. bei unehelichen Kindern der Mutter. Eine neue Heimat zu erwerben, ist schwierig, weil eine Gemeinde damit potentiell eine Verpflichtung eingeht. Es kann auch vorkommen, daß jemand heimatlos ist, also keine Heimat hat. Ihm kann es dann passieren, daß er hin- und hergeschoben wird.*

[2] *Eine Bescheinigung, daß eine bestimmte Gemeinde die Heimat ist, d. h. bei Verarmung den Betreffenden aufnehmen und versorgen muß.*

[3] *Antrag auf Einbürgerung. Der „Heimatsschein" wird wohl von Preußen für die Zeit vor der Einbürgerung verlangt, damit man den Betreffenden bei Verarmung abschieben kann.*

Ein deutsches Lebensbild

1. nach den Gesetzen ihrer bisherigen Heimath dispositionsfähig[1] sind;

2. einen unbescholtenen Lebenswandel geführt haben;

3. an dem Orte, wo sie sich niederlassen wollen, eine eigene Wohnung oder ein Unterkommen finden;

4. an diesem Orte nach den daselbst bestehenden Verhältnissen sich und ihre Angehörigen zu ernähren im Stande sind, und

5. wenn sie Unterthanen eines deutschen Bundesstaates sind, die Militairpflicht gegen ihr bisheriges Vaterland erfüllt haben oder davon befreit worden sind.

Das Führungs-Attest, um welches Leidemit gebeten hatte, erhält er gegen 1 Thlr. 18 Sgr. 9 Pf.[2]; im Uebrigen wird er von der Polizei-Obrigkeit an die Stadtbehörde gewiesen, [7] welche für das Kämmereidorf[3] Kietz, in dem er jetzt wohnt, die Polizei ver-

---

[1] *fähig, Rechtsgeschäfte selbständig und verbindlich zu erledigen, d. h. nicht minderjährig, nicht entmündigt, usw.*

[2] *Pfennige mit dem Verhältnis: 1 Taler = 30 Silbergroschen = 360 Pfennige*

[3] *Die Kämmerei ist die Finanzverwaltung einer Stadt (vgl. den heutigen Titel „Stadtkämmerer"). Eine Quelle für Einkünfte können Besitzungen sein, in diesem Fall ein Dorf, das der oder zur Stadt gehört.*

waltet. Diese Behörde verfügt nach Leidemits Vernehmung über sein Naturalisations-Gesuch die Ausweisung, und er wäre schon jetzt nach Mecklenburg zurückspedirt, wenn nicht die Registratur[1] dazwischen getreten wäre. Dem Registrator[2] war er zufällig bekannt geworden; derselbe macht die „gehorsamste Anzeige", daß Leidemit, wie er versichern könne, ein durchaus ordentlicher Mensch sei, der sich durch eisernen Fleiß und die trefflichste Führung der Berücksichtigung ganz ausnehmend empfehle. Der Decernent[3] kommt hierdurch offenbar in Verlegenheit. Er schreibt an den Rand: Decretum[4]: Leidemit ist noch zu vernehmen, ob er Orden oder Ehrenzeichen besitze.[5] Indessen die Ausweisung war nur aufgeschoben, nicht aufgehoben. Sie wird verfügt, weil Leidemit keine Mittel habe und die Gefahr nahe liege, daß er der Armenkasse zur Last fallen werde. Leidemit weist nach, daß er 200 Thlr.[6] besitze, und reicht ein Attest seines Predigers ein, wonach das Niederlas-

---

[1] *Archiv der Gemeinde*

[2] *Archivar*

[3] *jemand, der ein Urteil faßt, Entscheider*

[4] *Beschluß*

[5] *Vermutlich als Beweis für seinen guten Charakter.*

[6] *Dies ist die Größenordnung von mehreren Monats- und fast einem Jahresgehalt, also eine nicht unbeträchtliche Summe.*

sungs-Gesuch aufs Dringendste befürwortet wird. Der Prediger hat ihn seit beinahe zwei Jahren unausgesetzt beobachtet und kennt ihn als einen stillen, fleißigen unbescholtenen Mann, der nie auf Armenunterstützung Anspruch gemacht hat, sich durch die höchst geschickte Ausübung seines Metiers[1] ernährt und für die Niederlassung höchst empfehlenswerth ist. Hinzugefügt wird, daß er unausgesetzt um sein Aufgebot bitte, und sich, sobald ihm die Niederlassung gestattet sei, mit seiner Landsmännin und Braut, der unverehlichten Täuvmann, verheirathen wolle. — Die letztere Bemerkung bewirkte gerade das Gegentheil von dem, was sie bewirken sollte. Der Decernent hat schon von Anfang an im Geiste den Leidemit der Armenkasse zur Last fallen sehen; jetzt sieht er ihn durch die beabsichtigte Heirath in naher Zukunft unendlich vervielfältigt; neben dem e i n e n Leidemit schweben ihm noch zehn kleine vor, welche um Brot schreien. Ueber diesen [8] Gedanken vergißt er nun ganz den Leidemit selbst und wendet sich vorläufig gegen die unverehlichte Täuvmann, die sofort über die Grenze soll. Die Registratur wirft sich wieder mit einer gehorsamsten Anzeige dazwischen. Diesmal vergebens. Die Täuvmann wird vorgeladen, um ad protocollum[2] mit ihrem Schicksale bekannt gemacht und bei empfindlichen Strafen vor der Rückkehr verwarnt zu wer-

---

[1] *Berufs*

[2] *mit dabei geführtem Protokoll.*

den. Es rettet sie ein anderer Umstand. Die Vorladung kommt mit dem Bemerken[1] des Briefträgers zurück: „Verzogen, unbewußt wohin." Nun geht man wieder dem Leidemit selber zu Leibe; er wird ausgewiesen, weil er sich wegen Verdachtes der qualificirten Hehlerei[2] längere Zeit in criminalischer Untersuchung und Haft befunden habe. Leidemit rettet sich aus dem ungastlichen Kämmereidorfe nach der Stadt und richtet sofort eine Eingabe an die Polizei-Obrigkeit[3], worin er um ein Attest bittet, daß er die 20 Wochen unschuldig gesessen habe, und daß dieser Grund seinem Naturalisations-Gesuche nicht im Wege stehe. Diese Eingabe ist auf einem Stempelbogen[4] abgefaßt. Dergleichen Stempelbogen finden wir in den Acten über ein Dutzend. Leidemit gebraucht sie immer, wenn er ganz in die Enge getrieben ist und sich gar nicht mehr zu retten weiß. Offenbar war er der Meinung, ein Stempelbogen thue mehr Wirkung, als ein anderer.

---

[1] *Vermerk*

[2] *Qualifizierte Hehlerei wäre entweder gewerbsmäßige oder in Banden betriebene Hehlerei, was ja selbst bei Nachweis der Tat nicht der Fall gewesen wäre.*

[3] *Polizeibehörde*

[4] *Papier, das durch einen Stempel gekennzeichnet ist, der eine Abgabe (Stempelgebühr) bescheinigt. Solche Bögen wurden für offizielle Dokumente benötigt. Johann Leidemit möchte damit wohl seinen Eingaben einen seriösen Charakter verleihen und alles richtig machen. Eigentlich ist das überflüssig.*

Hierin hatte er sich aber diesmal verrechnet. Anstatt aller Antwort wird er sistirt[1], d. h. von einem Polizei-beamten aus seiner Wohnung geholt, und dann ad protocollum in aller Form Rechtens gemäß der Regie-rungs-Instruction[2] vom 23. October 1817 und der Verordnung vom 26. December 1808, unter An-drohung von Zwangstransport[3] oder polizeilicher Haft bis zu 4 Wochen, ausgewiesen. Das Protokoll endet mit den verhängnißvollen Worten: „gesund und marschfähig bin ich". Als Grund der Ausweisung war angegeben worden, daß er die unverehlichte Täuvmann zu sich genommen habe und mit derselben im Con-[9]-cubinate[4] lebe. Leidemit schickt eine Recla-mation[5] ein, natürlich wieder auf Stempelbogen. Er weist nach, daß er bereits aufgeboten sei, daß ihn aber der Prediger nicht trauen wolle, da er noch keinen Heimathsschein aus Mecklenburg erhalten. Seit drei Jahren versuche er schon alles Mögliche, um sich mit der Täuvmann verheirathen zu dürfen. Er ernähre

---

[1] *festgenommen*

[2] *Anweisung einer Regierung; eine Regierung ist die oberste Behörde einer preußischen Provinz, nicht die Regierung des ge-samten Staates, die als „Ministerium" bezeichnet wird.*

[3] *Möglich wäre auch eine Ausweisung, bei der der Betreffende selbst ausreist, eventuell mit einer vorgeschriebenen Route.*

[4] *Zusammenleben ohne Trauschein*

[5] *Berufung*

dieselbe, wolle aber gern wieder mit ihr auseinander ziehen, wenn ihn die hohe Behörde nur im Lande lassen wolle. — Die Antwort auf dies Gesuch ist abermals eine Sistirung. Das nächste Blatt endet wieder mit der Androhung einer vierwöchentlichen Gefängnißstrafe und mit den Worten „gesund und marschfähig bin ich." Leidemit läßt sich aber noch nicht abschrecken. Er reicht ein Attest seines Bezirksvorstehers ein, worin ihn dieser als einen ganz vortrefflichen, fleißigen und tüchtigen Mann schildert und ihm bezeugt, daß er schon längst wiederholentlich in Mecklenburg um die Atteste für seine Verheirathung[1] eingekommen sei. Zugleich legt Leidemit ein Attest der dortigen Behörde bei, wonach ihm der zur Niederlassung und Naturalisation erforderliche Consens[2] nicht

---

[1] *In Mecklenburg wie in vielen anderen deutschen Staaten, aber nicht in Preußen, darf man nur mit Erlaubnis der Behörden heiraten. Es soll dabei geprüft werden, daß keine „leichsinnige" Ehe eingegangen wir. Der Mann muß auch nachweisen, daß er in der Lage ist, eine Familie zu ernähren. Damit sollen der Armenkasse Kosten erspart werden. Allerdings hat die restriktive Praxis besonders in Mecklenburg und Bayern zur Folge, daß viele Paare nicht heiraten können und in wilder Ehe leben. Etwa ein Fünftel bis ein Viertel der Kinder sind unehelich. In Mecklenburg versucht man das wieder mit einer „Hurenbuße" zu verhindern, die die uneheliche Mutter an die Armenkasse zu entrichten hat. Verboten mit Gefängnisstrafe ist es auch, sich ohne Erlaubnis in einem anderen Staat trauen zu lassen.*

[2] *Erlaubnis zur Veheiratung*

„entstehen"[1] soll, wenn ihm von der preußischen Behörde die Naturalisation zugesichert werde. Alle übrigen hierzu nöthigen Papiere fügt er gleichfalls bei und bittet, ihm jene Zusicherung zu ertheilen. Die Atteste sind sämmtlich auf Stempelbogen, die Eingaben ebenfalls. Auf dieses Gesuch wird er wieder sistirt und angewiesen, das Land sofort zu verlassen. „Gesund und marschfähig bin ich." Zugleich wird ein Polizei-Beamter zu seiner Begleitung beordert, der ihn aus dem Thore bringt, und die Abreise controlirt. Dies passirt im Juni 1858.

Das nächste Blatt der Acten führt uns einige Monate zurück. Leidemit hatte, um jeden Stein des Anstoßes zu beseitigen, die unverehlichte Täuvmann fortgeschickt und sie in dem Kämmereidorf Mutz untergebracht. Dies war natürlich [10] nicht verborgen geblieben und der Schulze[2] angewiesen worden, dem Verhältniß nach der Verordnung vom 17. März 1854 „näher zu treten." Die Folge ist die Ausweisung der Täuvmann bei 10 Thlr. Geld-, event. 14tägiger Gefängnißstrafe.

---

[1] *Die Erlaubnis ist nicht notwendig.*

[2] *Ein Schulze ist zu der Zeit ein Ortsvorsteher mit Kompetenzen etwa eines heutigen Bürgermeisters. Ursprünglich hatte der Titel mehr die Bedeutung eines Dorfrichters, der in lokalen Angelegenheiten Recht sprach.*

Robert Zelle

Was ist nun aus Leidemit geworden? Hat er nach so vielen Hindernissen europamüde Deutschland und seiner Braut den Rücken gewandt, und sich dem Strome seiner Landsleute angeschlossen, der jährlich nach Amerika so reichlich abfließt?[1] Ist er wenigstens in dem hartnäckigen Vorsatze müde geworden, sich naturalisiren zu lassen und ein Preuße sein zu wollen? Nein; das nächste Blatt ist schon wieder ein Stempelbogen, also eine unverkennbare Spur von ihm. Er schreibt aus Foppelow in Mecklenburg, daß er dort trotz aller Bemühungen keine Arbeit in seinem Metier finden könne. Zugleich legt er eine Aufforderung seines früheren Arbeitgebers Herzog bei, worin ihn dieser ersucht, zurückzukehren und bei ihm in Arbeit zu treten. Er wolle ihn als Werkführer bei gutem Gehalte engagiren, da er gestehen müsse, daß er noch keinen so tüchtigen Arbeiter, wie er sei, gefunden habe. Leidemit deutet schüchtern an, daß nach Nr. 3 des Regulativs[2] vom 24. April 1853 ausländische Handwerksgesellen in Preußen zugelassen werden müssen, wenn sie eine solche Verschreibung eines preußischen Arbeitsgebers beibringen. Er bittet, die Antwort seiner Braut zugehen zu lassen, welche sich nach ihrer Ausweisung aus Mutz wieder nach der Stadt

---

[1] *Die Auswanderung nach Amerika ist in Mecklenburg besonders groß. Im Jahre 1853 beträgt die Auswanderung (bei 543000 Einwohnern) über 6000, 1858 sogar über 8000 Menschen.*

[2] *Vorschrift, Verordnung*

gewendet hatte. Diese erhält den mündlichen Bescheid, Leidemit dürfe nur dann zurückkehren, wenn er die Erlaubniß seiner Heimathsbehörde mitbringe, sich in Preußen zu verheirathen. Aber Bräute sind sanguinisch[1] und Trennung ist bitter. Die Täuvmann hatte nichts Eiligeres zu thun, als den Leidemit zur Rückkehr aufzufordern, vergaß aber dabei zu sagen, daß der Heirathsconsens[2] von der Heimathsbehörde ausgestellt sein müsse. So kommt er wieder an, bloß mit einer [11] Heirathserlaubniß der Eltern bewaffnet. Er wird sofort sistirt und trotzdem er verspricht, binnen 8 Tagen das amtliche Attest zu beschaffen, lesen wir wieder: „gesund und marschfähig bin ich." Aber mit der Ausweisung ist es noch nicht genug; weil er unmotivirt zurückgekehrt, wird er zu drei Tagen Gefängniß verurtheilt. Bei dieser Gelegenheit sehen wir zum ersten Male die Milch seiner frommen Denkungsart sich in gährend Drachengift verwandeln, wie Schiller von Wilhelm Tell sagt. Bis dahin hat er ausweislich der Acten Alles wie ein Lamm getragen und stets die Protokolle unterzeichnet, worin er ausgewiesen wurde und bezeugen mußte: „gesund und marschfähig bin ich." Aber unter dem Protokolle, in dem ihm das Strafresolut[3] publizirt[1] wird, befindet sich

---

[1] *von lebhaftem Temperament*

[2] *Genehmigung der Verheiratung*

[3] *Strafentscheidung*

der Vermerk: Leidemit verweigert die Unterschrift. —
Nachdem er die 3 Tage abgesessen, ward er zurücksistirt[2]. Es erfolgt eine neue Ausweisung; er unterschreibt: „gesund und marschfähig bin ich", und erhält
eine gelbe Reiseroute[3] in die Heimath.

Man glaubt vielleicht, nachdem ihm nun einmal die
Galle übergelaufen, werde er jetzt zu extremen Schrit-
ten schreiten, ein Vagaboud werden, da er in Mecklenburg keine Arbeit erhalten kann, seiner Braut den
Abschied geben, weil man ihn platterdings[4] nicht mit
ihr trauen will, und dergleichen. Weit gefehlt; Leidemit
geht nicht in die böhmischen Wälder.[5] Gegen Ende
des Jahres 1858 bittet er wieder um Naturalisation und
reicht ein Attest seines heimathlichen Amtes Närgelin
ein, worin es heißt: „Dem Schneider Leidemit kann

---

[1] *bekannt gemacht wird.*

[2] *festgenommen.*

[3] *Es handelt sich wohl um einen festgelegte Reiseweg, an den
sich der Ausgewiesene halten muß. Möglicherweise hat das
„gelb" etwas mit der Farbe der Kleidung zu tun. Johann Leidemit
trägt (siehe unten) eine Nanking-Hose, wobei Nanking ein gelb-
farbener Stoff ist.*

[4] *schlechterdings*

[5] *Anspielung auf Friedrich Schillers Drama „Die Räuber" von
1781, in dem die Räuberbande in den böhmischen Wäldern lebt,
also im Sinne von: er geht nicht unter die Räuber.*

der nach §. 1. des Gothaer Schlußprotokolles[1] vom 15. Juli 1851 zum Zwecke seiner Verheirathung im Preußischen erforderliche Consens nicht ertheilt werden, theils weil es den Aemtern gesetzlich untersagt ist, für Heirathslustige dergleichen Consense zu ertheilen; theils weil es hier im Amte an jeglichem Unterkommen für ihn fehlt, wenn er von Preußen sollte ausgewiesen werden, da nach ge-[12]-setzlicher Vorschrift in jedem Dorfe nur Ein Schneider sich etabliren darf, und alle Amtsortschaften schon mit Schneidern besetzt sind. Es kann ihm daher, wenn er bei seinem Heirathsprojekte durchaus verharren will, nur überlassen bleiben, zu versuchen, seine Naturalisation als Preuße zu bewirken."

Die gesetzliche Bestimmung, von der diese Verfügung spricht, bezieht sich übrigens nicht blos auf Schneider. Der Mecklenburgische Erbvergleich von 1755[2] setzt nämlich fest, daß auf jedem Gute nur fol-

---

[1] *Der Gothaer Vertrag wurde am 15. Juli 1851 zwischen 17 deutschen Staaten geschlossen. In ihm ging es um Regelungen für heimatlose Personen und darüber, welcher Staat diese zu übernehmen hatte. Jeder Staat muß danach alle seine Staatsangehörigen, sogar nach Verlust der Staatsangehörigkeit zurücknehmen. Diesen gleichgestellt werden diejenigen, die längere Zeit sich in einem Staat aufgehalten haben, dort geboren wurden oder eingeheirat haben.*

[2] *Der Landesgrundgesetzliche Erbvergleich stellte die landesständische Verfassung des mecklenburgischen Staates (Mecklenburg-Schwerin und Mecklenburg-Strelitz, aber nicht Ratze-*

gende Handwerker geduldet werden dürfen: ein Grob-
schmied[1] mit einem Gesellen; ein Grob-Rademacher[2]
ohne Gesellen; ein Grob-Leineweber[3]; ein Bauer-
Schneider[4] ohne Gesellen; ein Maurer, oder statt dessen ein Zimmermann; ein Tischler und ein Schuhfli-
cker; sämmtlich ebenfalls ohne Gesellen. Diese Be-
stimmungen sowie viele andere derselben Art bestehen
noch heute, und es ist bei dem ritterschaftlichen[5] Geiste, der in Mecklenburg die Herrschaft ausübt, wenig
Aussicht, daß sie aufgehoben werden. Ist doch erst
unter dem 21. Juni d. J.[6] dort eine Verordnung publi-

---

burg) dar. Er umfaßte 25 Artikel und 530 Paragraphen und
blieb bis 1918 in Kraft (mit kurzer Unterbrechung während der
Revolution von 1848). Eine regelrechte Verfassung wie andere
Staaten in Deutschland hatte Mecklenburg nie.

[1] Schmied, der auf die Herstellung von Werkzeugen hauptsäch-
lich in der Landwirtschaft spezialisiert ist, etwa von Pflügen,
Hacken, Hufeisen, usw.

[2] Ein Rademacher, auch Stellmacher, ist ein Handwerker, der
Räder, Wagen und andere landwirtschaftliche Geräte aus Holz
herstellt.

[3] Weber, der aus Leinengarn (aus Flachs) Gewebe herstellt

[4] Bauer, der auch als Schneider tätig ist.

[5] Die Ritterschaft bestand aus dem niederen Adel und war an
den Besitz eines Rittergutes gebunden. In Mecklenburg bestand
sie aus einigen hundert Mitgliedern.

[6] des [laufenden] Jahres

zirt worden, wonach alle Unterthanen, die sich ohne vollständige Genügung[1] der inländischen Vorschriften über Aufgebot u. s. w. im Auslande trauen lassen, mit 4 Wochen bis 3 Monaten Gefängniß bestraft werden sollen.

Doch wir kehren um so mehr aus Mecklenburg nach Preußen zurück, als unser Leidemit es ebenso gemacht hatte. Er selbst hütet sich wohl, sich hier zu melden: aber dafür begegnen wir in den Acten einer an den Landrath gerichteten Eingabe des Schneiders Trillhose zu Mutz aus dem Anfange des Jahres 1859, worin es heißt: „Hier wohnt jetzt ein Schneidergeselle, Leidemit heißt er, aus Mecklenburg gebürtig, heimathslos[2], ist auch nicht Meister, der Schulze beherbergt ihn und nimmt ihn in Schutz. Wir sind schon 2 Schneider auf dem kleinen Ort, also sucht der Schulze, uns alle zu verderben[3]. Also in dringender Bitte flehen wir den Herrn Landrath um Hülfe in unse-[13]-rer Noth, denn Sie werden Ihren Unterthanen Beistand leisten." Der Schulze, über die Beschwerde vernommen, erklärt, Leidemit bemühe sich sehr, Preußischer Unterthan zu werden und betreibe unablässig sein Na-

---

[1] *Erfüllung*

[2] *Da Johann Leidemit keinen Heimatsschein erhalten hat, hat er keine Heimat, d. h. keine Gemeinde, die ihn aufnehmen und versorgen muß.*

[3] *ins Verderben zu stürzen*

turalisations-Gesuch. Bei den andern Schneidern könne kein Mensch arbeiten lassen, der auf sich etwas gebe; Leidemit sei eine wahre Wohlthat und ein Bedürfniß für den Ort und werde auch sonst von Jedermann
gern gesehen. — Die Kämmereibehörde[1] stellt dem
Trillhose anheim[2], bestimmte Contraventionsfälle[3] an-
zugeben, und weist den Leidemit wieder aus. Es folgt
in den Acten ein Stempelbogen, also eine Eingabe von
Leidemit. Derselbe erklärt, er sei zurückgekommen,
weil ihn das Elend der Seinigen gejammert habe. Verheirathen habe er sich nicht dürfen, weil er keine Naturalisation erhalten, und die Naturalisation habe er
nicht erhalten, weil er sich nicht habe verheirathen
dürfen und seine Braut nicht habe verlassen können.
Alle Atteste zur Naturalisation seien längst da, aber
weder in Mecklenburg, noch in Preußen könne er,
trotz aller Bemühungen und trotzdem er ein Arbeiter
mit reichlichem Auskommen sei, die Erlaubniß zur
Begründung eines eigenen Heerdes erhalten. So sei es
denn zu seiner tiefen Betrübniß im Laufe der Jahre
gekommen, daß seine Braut, ohne daß der Bund kirchlich eingesegnet worden, einige Kinder bekommen
hätte. Die Noth dieser Kinder und der Mutter habe
ihn nicht länger in der Fremde bleiben lassen. Er sei

---

[1] *Die Kämmerei ist die Finanzverwaltung einer Stadt (vgl. den heutigen Titel „Stadtkämmerer").*

[2] *eine Entscheidung jemand anderen treffen lassen*

[3] *Fälle von Übertretungen*

zurückgekehrt, wolle gern den Kindern den ehrlichen Namen[1] verschaffen, und bitte um endliche Naturalisation.

Vorher waren zwei Eigenschaften Leidemits geltend gemacht, um das Gesuch abzulehnen: er war Concubin und Untersuchungsgefangener gewesen. Jetzt wird er wegen einer dritten Eigenschaft, abgewiesen, die er an sich hat. Sein Fehler ist jetzt der, daß er Gewerbtreibender ist. Unser Herr Finanzminister v. d. Heydt[2] hat nämlich, als er noch Minister für Handel und [14] Gewerbe &c. war, eine Verordnung vom 9. Februar 1849 octroyirt[3], betreffend die Errichtung von Gewerberäthen[4] und verschiedene Abänderungen der allgemeinen Gewerbe-Ordnung. Hier wird im §. 67. bestimmt, daß ausländische Gewerbetreibende in Preußen nur aus erheblichen Gründen zuzulassen sind. „Ueber diese Gründe ist vor der Zulassung eines Ausländer jederzeit die Gemeinde des

---

[1] *sie zu legitimen Kinder durch Heirat zu machen*

[2] *August von der Heydt (1801–1874), preußischer Handels- und Finanzminister.*

[3] *auf nicht verfassungmäßigem Wege aufgezwungen*

[4] *Ein Gewerberath wird auf vier Jahre zu je 1/3 aus dem Handwerks-, dem Fabrik- und dem Handelsstand gewählt. Er muß bei allen gewerblichen Anordnungen mit seinen Ansichten und Vorschlägen gehört werden und setzt die tägliche Arbeitszeit für die Gewerbe und deren Abgrenzung gegeneinander fest.*

Ortes, wo das Gewerbe betrieben werden soll, inglei-
chen[1] die betheiligte Innung[2] und der Gewerberath zu
hören." — Es ist eine eigenthümliche Staatsweisheit,
welche diese Vorschrift dictirt hat. Man wird dabei
unwillkürlich an den Umstand gemahnt, daß andere
preußische Staatsmänner, und zwar nicht eben solche,
deren wir uns zu schämen hätten, gerade das
umgekehrte Prinzip befolgten. Die französischen Re-
fugiés[3], die der große Churfürst[4] 1685 in Zahl von
20,000 auf ein Mal in's Land zog, waren zum großen
Theile gerade Gewerbetreibende; ja dies war eben der
ausgesprochene Hauptgrund, weshalb der Monarch sie
kommen ließ, und zwar ohne die Innungen oder einen
Gewerberath zu fragen. Als Folge ergab sich, daß im
Brandenburgischen Staate jetzt zum ersten Male Sei-
den-, Wollen-, Strumpf-, Leder-, Hut- und Gold- und
Silberfabriken entstanden, die sehr bald in Blüthe kamen und zum Nationalreichthum beträchtlich bei-
trugen. Der zweite der Staatsmänner, die ich im Ge-

---

[1] *zugleich*

[2] *Vereinigung der Handwerker eines Gewerbes*

[3] *Flüchtlinge, gemeint sind die etwa 20.000 Hugenotten die
durch das Potsdamer Edikt von 1685 nach Preußen eingeladen
wurden*

[4] *Friedrich Wilhelm I. (1688-1740), der „Soldatenkönig", war von
1713 bis zu seinem Tode König in Preußen, Markgraf von Brandenburg und Erzkämmerer und Kurfürst des Heiligen Römischen
Reiches.*

gensatze zu jener v. d. Heydt'schen Vorschrift im Auge habe, kann wohl auch als eine Autorität gelten. Es ist niemand anders, als der alte Fritz[1]. Gleich nach seiner Thronbesteigung ließ er den geschickten und reichen Kaufmann Gostkowsky nach Charlottenburg[2] kommen und trug ihm auf, er möchte baldmöglichst recht viele und geschickte Künstler und Ouvriers[3] in das Land bringen. Und noch in demselben Jahre 1740 gab er dem Generaldirectorium für Manufacturen und Commercien[4] u. a. die Instruction[5], allerhand Professionisten[6] und Künstler in's [15] Land zu ziehen, welche Sachen machen, so der Societät[7] nützlich sein.

---

[1] *Friedrich II., der Große (1712-1786) war ab 1740 König in und ab 1772 König von Preußen sowie Kurfürst von Brandenburg.*

[2] *Das Schloß Charlottenburg war die Residenz Friedrichs des Großen.*

[3] *Arbeiter; der Ausdruck stammt wohl aus einem zeitgenössischen Original, als zahlreiche Fremdworte aus dem Französischen verwendet wurden. Man sagt Friedrich dem Großen nach, daß er Deutsch schlechter als Französisch beherrschte.*

[4] *Handelsgeschäfte; wohl auch ein Zitat aus der Zeit Friedrichs des Großen*

[5] *Anweisung*

[6] *Menschen, die eine Profession ausüben; wohl auch aus der Zeit Friedrichs des Großen.*

[7] *Gesellschaft; Ausdrucksweise wohl auch aus der Zeit Friedrichs des Großen.*

Robert Zelle

Die Gewerbtreibenden sind nun aber im Allgemeinen die Leute, welche produciren, d. h. nützliche Sachen machen; und es ist schwer einzusehen, weshalb gerade diese vom Lande fern gehalten werden sollten. So ist denn auch jener v. d. Heydt'sche §. 67 wirklich bereits wieder unter dem Minister Schwerin[1] gestrichen worden. Aber dies geschah erst durch das Gesetz vom 22. Juni des vorigen Jahres[2], und Leidemit hatte 1859 noch seine volle Wirkung zu empfinden. Die Behörde nahm als notorisch[3] an, daß die einheimischen Schneider sich in großer Calamität[4] befänden; es lag also kein „erheblicher Grund" zur Zulassung des Leidemit vor.

Im Sommer 1859 gelangt wieder eine geharnischte Vorstellung des Schneiders Trillhose zu den Acten. Leidemit hat einem Bauer einen Gehrock und einem Kossäten[5] eine baumwollene Weste angefertigt. Es

---

[1] *Maximilian von Schwerin-Putzar (1804–1872), Mitglied der Frankfurter Nationalversammlung, preußischer Staatsminister, Gegenspieler von Bismarck. Auf ihn geht das Wort „Recht geht vor Macht" zurück.*

[2] *also 1861.*

[3] *weithin bekannt*

[4] *Notlage, großes Unglück.*

[5] *Dorfbewohner, die in einer kleinen Kate wohnen und so wenig Landbesitz haben, daß sie meist als Landarbeiter dazuverdienen müssen.*

wird um strengste Bestrafung gebeten und Leidemit in der That auf Grund des §. 67 der erwähnten Gewerbe-Verordnung mit 5 Thaler Geldbuße event. 3 Tagen Gefängniß angesehen- Zugleich verfügt der De-cernent: Dem hartnäckigen Treiben des Leidemit wird nun um sichersten durch dessen sofortige Ausweisung ein Ende zu machen sein. Als er zu diesem Behufe[1] vorgeladen werden soll, findet sich, daß er das Dorf Mutz verlassen hat.

Das nächste Blatt der Acten ist eine Sturmpetition[2] der Mutzer an die Kämmereibehörde. Sämmtliche an-sässigen Wirthe[3]: Bauern, Büdner und Kossäten, ha-ben ein Gesuch aufgesetzt, worin sie bitten, ihnen den Leidemit zu belassen. „Es war eine Schande mit anzu-sehen," sagen sie, „wie wir in Mutz früher einhergin-gen. Das Zeug[4] hing Einem am Leibe herum und die Jungen liefen uns nach, wenn wir uns an einem andern Orte blicken ließen. Voraus[5] bei den Segens-Röcken[1]

---

[1] *zu dem Zweck*

[2] *Eine mit großem Nachdruck vorgetragene Bitte oder Forde-rung; so wird etwa die "Sturmpetition" 1848 von Nationalgar-den, Studenten und Arbeitern in der Wiener Hofburg gegen die aufgezwungene Verfassung und für einen konstituierenden Reichstag benannt.*

[3] *Im Sinne von: Landwirte.*

[4] *Tuch, Stoff*

[5] *Vor allem, besonders.*

[16] (zur Confirmation) zeigte sich der Umstand und die Eltern schmissen Zeug und Geld weg." Da sei ihnen denn Leidemit als ein wahrer Trost erschienen und sie könnten ohne ihn gar nicht mehr fertig werden. — Leidemit selbst begleitet dies Gesuch mit der Bitte auf Stempelbogen, ihm doch den Aufenthalt in Mutz zu gestatten, und führt dabei an, daß er seit 4 Wochen mit seiner Braut getraut sei. Ob[2] dieses unerhörten Umstandes entsteht ein gewaltiger Lärm. Man vergißt Leidemit und geht auf den Prediger los, der ihn gegen das Gesetz von 1854 getraut hatte, wonach Ausländer in Preußen bei Strafe gegen die Geistlichen nur dann getraut werden dürfen, wenn sie durch ein Attest ihrer Heimathsbehörde nachweisen, daß sie zur Eingehung der Ehe im Auslande nach den heimischen Gesetzen und unbeschadet ihrer Staatsangehörigkeit befugt sind.

Während der Staatsanwalt beschäftigt ist, gegen den Prediger seine Schuldigkeit zu thun, setzt wieder der Schneider Trillhose gegen Leidemit Himmel und Hölle, Landrath und Stadtbehörde in Bewegung. Leidemit wird mehrfach sistirt und peinlich verhört[3]. Das

---

[1] *Anzüge zur Konfirmation.*

[2] *wegen*

[3] *Wörtlich: Verhör mit Folter. Allerdings ist die Folter in Preußen schon seit 1740 abgeschafft, sodaß nur im übertragenen Sinne ein sehr eindringliches Verhör gemeint ist.*

letzte Protokoll schließt wieder mit den Worten: „gesund und marschfähig bin ich." Ein Zwangspaß[1] wird ausgefertigt und die ganze Familie wäre nun ohne Gnade über die Grenze transportirt worden, wenn nicht die Kinder (— jetzt sind es schon ihrer 3 geworden —), an den Masern erkrankt wären. Zum Glück haben diese Drei es so eingerichtet, daß sie sich nach einander legten[2]. Der Landrath erinnert alle 14 Tage wegen der Ausweisung, erhält aber immer die Antwort, daß die Masern noch nicht vorüber seien. — Die nächsten Blätter der Acten zeigen uns drei Erkenntnisse des strafenden Richters. Das erste spricht Leidemit bezüglich einer angefertigten leinenen Jacke frei, weil diese That bereits verjährt sei; das zweite verurtheilt ihn wegen eines ähnlichen Vergehens gegen die v. d. Heydt'sche Gewerbegesetzgebung zu [17] 10 Thlrn. oder 6 Tagen Gefängniß, das dritte ist gegen den Prediger gerichtet, der seine criminelle Handlung, das Leidemit'sche Paar getraut, und die Kinder aus Bastarden[3] zu legitimen gemacht zu haben, mit 12 Thlr. oder 8 Tagen Gefängniß zu büßen hat.

---

[1] *In der Zeit benötigt man in vielen Fällen beim Reisen einen Paß, der einem das Recht zum passieren gibt. Bei einem Zwangspaß ist es die Pflicht, außer Landes ziehen zu müssen.*

[2] *Auf das Krankenlager legten.*

[3] *uneheliche Kinder.*

Leidemit berechnet sich inzwischen, daß ihm die ewigen Bestrafungen theurer zu stehen kommen, als die Meisterprüfung. Er besteht dieselbe mit Glanz und reicht der Behörde das Attest darüber ein. Es wird ihm indessen die niederschmetternde Antwort, daß ihm das gar nichts helfe, denn im §. 18. der Allgem. Gewerbe-Ordnung stehe geschrieben: „Ausländer dürfen, sofern nicht durch Staats-Verträge ein Anderes bestimmt ist, nur mit Erlaubniß der Ministerien in Unseren Staaten[1] ein stehendes Gewerbe[2] betreiben." Jetzt verfaßt er eine Eingabe an die K. Regierung[3]. Er bekennt darin, daß er sich allerdings wohl recht schwer vergangen haben müsse, da er immerwährend ausgewiesen und bestraft worden sei. Aber man möge ihm verzeihen, da er aus Mecklenburg sei und die Gesetze nicht so genau gekannt habe. Bei Allem, was heilig, könne er versichern, daß er sich keiner strafbaren Absicht bewußt gewesen. Er habe ja durchaus nicht[4] weiter gewollt, als sich ehrlicher Weise verheirathen und auf ehrliche Weise sein Brod verdienen. Von seiner

---

[1] *den Staaten des preußischen Königs.*

[2] *Im Gegensatz zu einem Gewerbe im Umherziehen eines mit einem festen Sitz.*

[3] *Königliche Regierung; eine Regierung ist die oberste Leitung einer Provinz. Die preußische Regierung im heutigen Sinne ist das „Ministerium".*

[4] *Vermutlich Setzfehler für „nichts".*

Braut habe er nicht lassen können[1], da er ihr die Ehe versprochen, und wenn er sich durch sein Arbeiten strafbar gemacht habe, so möchte dies damit einigermaßen zu entschuldigen sein, daß er den Trieb in sich gefühlt, sich und die Seinen redlich zu ernähren. — Seine Bitte um Naturalisation ist wieder von dem Vorstande des Dorfes warm unterstützt. Alle Einwohner verlören den Leidemit höchst ungern; derselbe habe aber durch die vielen Geldstrafen und Verfolgungen oft die Nächte durch aufsitzen[2] und arbeiten müssen, so daß er schon [18] krank geworden sei und gewiß drauf gehen werde, wenn er nicht bald die „Erlaubniß zu seiner Existenz" erhalte.

Der Bericht, den die Unterbehörden[3] erstatten, lautet natürlich abschläglich[4] und stützt sich wieder besonders auf den v. d. Heydt'schen §. 67.

Während Leidemit die Regierung anging, hat Trillhose sich an das Ministerium[5] gewendet. Er sagt in seinem Gesuche u. a.: „In meinem nothgedrungenen Interesse der Selbsterhaltung lege ich diesen Noth-

---

[1] *er habe sie nicht verlassen können.*

[2] *sitzend die Nacht durcharbeiten.*

[3] *der untergeordneten Behörden (aus Sicht der Regierung).*

[4] *mit einem negativen Ergebnis, abschlägig.*

[5] *Die preußische Regierung im heutigen Sinne, bzw. einen bestimmten Minister in dieser.*

schrei vor die Füße Ewiger[1] Excellenz. Thatsache ist und bleibt die Anwesenheit des Leidemit, welcher nach wie vor unbefugt selbst fortarbeitet, durch sein listiges Benehmen sich Kunden zu verschaffen weiß, uns berechtigten und eingeborenen Ortsinsassen[2] aber unsere Einnahmen schmälert, welches in jetziger Zeit eine tief zu empfindende Last wird. Ich beantrage dieserhalb[3] gehorsamst, daß der Leidemit endlich aber ganz bestimmt ausgewiesen wird, sowie ich unterthänigst verharre" u. s. w. Aus dem Berichte der Unterbehörde erfahren wir, daß die längst endgültig beschlossene Ausweisung nicht habe effectuirt[4] werden können, da Leidemits Kinder zwar wieder hergestellt seien, er selbst aber seit einiger Zeit an einem schleichenden Fieber danieder liege.

Trillhose ist wahrscheinlich in diesem Sinne beschieden worden, denn er zeigt im Herbst 1860 an, Leidemit sei wieder gesund wie ein Fisch und arbeite wo möglich mehr als je vorher. Wenn jetzt nicht endlich die Ausweisung erfolge, und zwar im Wege des

---

[1] Die *Abkürzung „Ew."* steht für *„Eure", von frühneuhochdeutsch „ewer" für „euer". Der Schneider Trillhose mißversteht das und denkt, es handle sich um eine Abkürzung für „Ewiger".*

[2] *Ortseinwohner*

[3] *deshalb*

[4] *ausgeführt, umgesetzt*

Schubs[1], so werde er sich Seiner Majestät selbst zu Füßen werfen. Er erhält zur Antwort, daß die Ausweisung augenblicklich noch nicht erfolgen könne, da Leidemit sich mit seinem Naturalisations-Gesuche an den Minister gewendet habe. Der Minister erfordert auch wirklich von der Unterbehörde Bericht, welcher dahin erstattet wird, daß Leidemit mit Rücksicht auf sein Concubinatsverhältniß, seine Untersuchungshaft und den [19] §. 67 der Verordnung vom 9. Februar 1849 wiederholt abschläglich beschieden, und daß das Gesuch keineswegs zu befürworten sei, auch abgesehen davon, daß er sich, durch mehrfache Bestrafungen ungebessert, der Gestattung des Aufenthaltes in Mutz wegen unbefugten Betriebes des Schneiderhandwerkes unwerth gemacht habe. — Die Antwort des Ministers scheint diesem schwarzen Gemälde gemäß ausgefallen zu sein. Wenigstens meldet sich Trillhose schon um Weihnachten mit erneuerter Energie und es folgt eine neue Verhandlung mit Leidemit, die da endet: „gesund und marschfähig bin ich." Wegen der „Hartnäckigkeit" des Inculpaten[2] müssen mehrere Organe der ausübenden Gewalt den Abmarsch controliren, die dann auch schon am zweiten Tage berichten, daß Leidemit nun wirklich Mutz verlassen habe.

---

[1] *Transport von Auszuweisenden, meist zu Fuß*

[2] *Beschuldigten*

In den Acten findet sich an dieser Stelle sein Wanderbuch[1], welches zum Andenken zurückbehalten zu sein scheint. Es ist unter dem 12. Mai 1852 von der Mecklenburgischen Behörde ausgestellt. Weisen wir einen Blick hinein, so sehen wir auf der ersten Seite eine Beschreibung von Leidemits körperlicher Beschaffenheit, und erfahren, daß er keine besondere Kennzeichen hatte. Sodann heißt es buchstäblich weiter: „Er hat als Geselle mit Wohlverhalten gearbeitet. Seine Militärpflicht hat er erfüllt, weil er das Maaß nicht hatte. Er ist geimpft." Nach diesen Vorbemerkungen arbeiten wir uns durch eine Menge von Stempeln, Polizei-Vermerken und Visas hindurch, und kommen schließlich an einen Abdruck der Mecklenburgischen Wandergesetze, die nicht ganz ohne Interesse sind. Als Probe des Geistes, der darin umgeht, erlauben Sie mir, Ihnen den §. 13 wörtlich zu citiren: „Den wandernden Gesellen ist außer dem Betteln auch das Abweichen von der vorgeschriebenen Reiseroute und das Ueberschreiten der bestimm-[20]-ten Reisezeit verboten. Inländer, welche hiergegen handeln, werden die beiden ersten Male mit resp. 24- und 48-stündiger Gefängnisstrafe, das dritte Mal mit 6—20 R o h r h i e b e n[2] bestraft, bei der vierten Wiederholung

---

[1] *Eine Art Ausweis, in den Visa, Polizeivermerke eingetragen werden.*

[2] *Die Prügelstrafe war in Mecklenburg 1802 absgeschafft, aber 1852 wieder eingeführt worden.*

in das A r b e i t s h a u s[1] transportirt. Ausländische Gesellen sind schon bei der ersten Contravention[2] über
die Grenze zu visiren[3], und wenn sie das Visa nicht
befolgen, dafür zu bestrafen und in das L a n d -
a r b e i t s h a u s zu transportiren. Bei nochmaliger
Rückkehr haben sie außer angemessener Züchtigung
mehrmonatliche Z u c h t h a u s s t r a f e[4] zu gewärtigen."
Dergleichen mecklenburgische Vorschriften stehen
übrigens nicht blos auf dein Papier; sie scheinen auch
in der Praxis auf das Gewissenhafteste ausgeführt zu
werden. Noch in diesen Tagen enthielt die Pommersche Zeitung[5] folgende Notiz: „Einem Maurergesellen

---

[1] *In ein Arbeitshaus werden Arme eingewiesen, die gesund sind
und dort durch Arbeit ihren Unterhalt verdienen sollen. Zugleich
sollen diese vom Bezug von Armenpflege durch die Arbeit abge-
schreckt werden. In diesem Fall scheint es sich fast schon mehr
um ein Zuchthaus (verschärftes Gefängnis mit Zwangsarbeit) zu
handeln, denn aus einem Arbeitshaus könnte man ausziehen,
wenn man sich außerhalb selbst versorgen kann.*

[2] *Übertretung, Verletzung.*

[3] *Mit einem Visum, einen Sichtvermerk, das Verlassen des Landes anordnen.*

[4] *Es gibt drei Stufen von Freiheitsstrafen: **Festungshaft**, die rela-
tiv milde ist und als nicht entehrend gilt, **Gefängnis** und das besonders strenge **Zuchthaus**, das als entehrend gilt. Die Zucht-
hausstrafe wurde mit der Großen Strafrechtsreform von 1969 in
der Bundesrepublik Deutschland abgeschafft.*

[5] *Die „Pommersche Zeitung" erschien in Stettin.*

in Greifswald ist es kürzlich in Mecklenburg schlecht ergangen. Er erhält von einem Maurermeister zu Mölln in Mecklenburg die Aufforderung, bei ihm in Arbeit zu treten. Der Geselle macht sich mit einem Auslandswanderbuch (bekanntlich auf fünf Jahre gültig) auf den Weg, versäumt es jedoch, das Wanderbuch auf der Grenze visiren[1] zu lassen. Bald auf der Chaussee[2] von einem Gensd'armen[3] angehalten, wird er arretirt[4], nach Güstrow gebracht und ohne langes Verhör zu sechs Wochen Tretmühle[5] verurtheilt. In der letzten Woche erkrankt, schickt man den armen, heruntergekommenen, von Natur schwächlichen Menschen sofort hier über die Grenze, und liegt der Beklagenswerthe jetzt an einer gefährlichen Lungen-Entzündung danieder. Der Mann sieht elend und kümmerlich aus, erzählt haarsträubende Geschichten

---

[1] *ein Visum, einen Sichtvermerk, eintragen.*

[2] *Eine Chaussee ist eine gut ausgebaute Landstraße, für deren Benutzung je nachdem ein Chausseegeld zu entrichten ist.*

[3] *An die französischen Schreibweise angelehnt: „gens d'armes" (Männer der Waffen)*

[4] *festgehalten, festgenommen.*

[5] *Eine Tretmühle ist ein Antrieb für Mühlen und für Hebe-Vorrichtungen. Sie besteht aus einem großen Rad, in dessen Innerem ein Mensch oder ein Tier läuft und sie auf diese Weise in Bewegung hält.*

aus jenem Eldorado[1] unserer Kreuzritter[2], unter Anderem, daß jedem gefänglich Eingezogenen[3] die Baarschaft[4] nebst Portemonnaie oder Geldbeutel abgenommen und nicht wieder zurückgegeben wird. [?!] Mit ihm hat gleichzeitig ein Cigarrenfabrikant aus Schlesien dasselbe Vergehen begangen und dieselbe Strafe verbüßen müssen, und [21] hatte der letztere 18 Thlr. im Besitz, als er inhaftirt wurde. Diese Summe ist ihm nicht zurückgegeben. Wird unsere Regierung Nichts thun, ihre Staatsangehörigen gegen solche Behandlung zu schützen?"

Nun, was unsere Regierung anbelangt, so wird diese wohl zuerst vor ihrer eigenen Thür zu fegen haben. Wie Sie wissen, ist schon der Graf Schwerin mit der Entdeckung hervorgetreten, daß das ganze Paßwesen eine unnütze Schererei ist.[5] Das Abgeordnetenhaus hat

---

[1] *Das Goldland, das im Norden Südamerikas gesucht wurde, wörtlich: Das Goldene.*

[2] *Gemeint sind die Anhänger der ultrakonservativen Kreuzzeitungspartei, benannt nach ihrem Blatt, der „Neuen Preußischen Zeitung", das wegen des eisernen Kreuzes im Titelkopf meist als „Kreuzzeitung" bezeichnet wird.*

[3] *in ein Gefängnis Eingesperrte.*

[4] *Bargeld.*

[5] *Das wird bei der Abschaffung aller Pässe und Visa 1867 dann auch in der Motivation durch die Regierung als Begründung übernommen: Man belästigt damit nur die Reisenden. Wenn man Verbrecher sucht, sollte man sich direkt um diese küm-*

erst vor einigen Wochen über die betreffende Geset-
zesvorlage Beschluß gefaßt.[1] Bei den Debatten ward
auch darauf aufmerksam gemacht, daß jene Schererei
hinsichtlich der wandernden Handwerksgesellen geradezu in eine Quälerei ausartet. Die Ausnahmegesetze,
welche in dieser Hinsicht Statt finden, gründen sich
auf der althergebrachten Furcht deutscher Regierun-
gen vor der deutschen Jugend. Der ältere deutsche
Unterthan ließ sich durch Familiensorgen und Conces-
sionswesen leichter im Zaum halten. Er trug Trense
und Candarre im Mund und war leichter zu zügeln;
aber die deutsche Jugend betrachtete man als ein un-
zugerittenes Füllen[2]. Deshalb die vielfachen Untersu-
chungscommissionen und exceptionellen Strafgesetze
gegen die preußischen Studenten, deshalb die Maßre-
geln gegen die deutschen Handwerksgesellen, womit
schon eine Reichspolizei-Ordnung von 1530 den Anfang machte. Was den heutigen gesetzlichen Zustand
in Preußen anbelangt, so erklärt das Polizei-Lexikon
der Polizei-Lieutenants Dennstaedt und v. Wolfsburg[3],

---

mern, als lauter unschuldige Menschen zu kontrollieren.

[1] *Im Jahre 1861 bringt Friedrich von Rönne einen Gesetzentwurf in das Preußische Abgeordnetenhaus ein, der alle Pässe und Visa abschaffen soll.*

[2] *Fohlen, junges Pferd.*

[3] *Hermann Dennstedt und Willibald v. Wolffsburg: Preußisches Polizei-Lexikon, Berlin 1862.*

bei der Menge des über die Wandergesetzgebung vorhandenen Materials nur die wichtigsten Vorschriften mittheilen zu wollen, und füllt damit doch 12 große eng gedruckte Seiten an. Diese Vorschriften machen den Eindruck, als wenn die Handwerksgesellen allesammt von vornherein als eine verbrecherische Kaste zu betrachten wären. Ja sogar die sämmtlichen Handwerker überhaupt erscheinen als [22] höchst gefährliche Subjecte, denn unter Nr. 9 des Reglements vom 21. März 1835 heißt es ausdrücklich: „Den Polizeibehörden wird zur Pflicht gemacht, über alle am Orte sich aufhaltende Handwerker eine strenge polizeiliche Aufsicht zu führen." Ich könnte diesem Beispiele noch eine weitere Blumenlese aus unserer Wandergesetzgebung beifügen, wenn ich nicht fürchtete, Sie zu ermüden. Ich werde deshalb nur noch auf einen Punkt eingehen, der eine Art von Curiosität bildet. Von Alters her betrachtet man gewisse Länder, namentlich Aegypten, Syrien u. s. w. als der Pest verdächtig. Eine lange Zeit ließ man in vielen Theilen Europas Reisende und selbst Briefe, die von dort her kamen, gar nicht zu; später stiftete man die bekannten Quarantaine-Anstalten[1], wo die Verdächtigen einige Wochen bleiben und sich erst als gesund legitimiren mußten. Da

---

[1] *Zum Schutz vor der Pest durften in der Republik Ragusa (heutiges Dubrovnik in Kroatien) Reisende die Stadt ab 1377 erst nach dreißig, später vierzig Tagen betreten. Sie mußten sich so lange in Lazaretten aufhalten. Nach anderen Quellen gab es eine ähnliche Einrichtung schon etwas früher in Venedig.*

entdeckte man im gegenwärtigen Jahrhundert, daß es außer dieser leiblichen auch eine moralische oder politische Pest und ein Land gebe, welches an dieser Krankheit habituell[1] leide. Dies Land war die Schweiz, und es erging ein strenges Gesetz durch alle deutsche Gauen, daß kein deutscher Handwerksgesell sich gelüsten lassen dürfe, die Schweiz zu betreten. Was aber mit ausländischen Handwerksgesellen machen, die aus der Schweiz nach Deutschland wollten? Nach der gedachten Analogie mit der physischen Pest hätte man folgerichtig für solche Fälle bei Basel und Schaffhausen Quarantaine-Anstalten anlegen müssen. Da wären die Handwerksburschen auf einige Wochen eingesperrt und, anstatt wie bei der leiblichen Pest durch den Arzt, täglich durch einen, nicht ansteckbaren pestsicheren Polizeibeamten auf moralisch-politische Pest untersucht worden. Aber man hat solche Anstalten nicht errichtet. Man verfiel in den Zustand, der vor der Erfindung der Quarantainen bestand, und erlaubte den Eintritt solchen der Ansteckung verdächtigen Gesellen lieber gar nicht. Für Preußen wenigstens wird in Nr. 14 des Re-[23]-glements[2] von 1835 ausdrücklich bestimmt: „Ausländische Handwerksgesellen, welche sich seit dem 1. Juli v. J. längere oder kürzere Zeit in der Schweiz aufgehalten haben, darf ohne Genehmigung des Ministers des Innern und der Polizei der

---

[1] *gewohnheitsmäßig*

[2] *Dienstvorschrift, Geschäftsordnung.*

Ein deutsches Lebensbild

Aufenthalt in den Königlichen Staaten[1] nicht gestattet, sondern es müssen dieselben vielmehr an der Grenze zurückgewiesen werden." —

Kehren wir nach dieser Abschweifung zu unserem Actenstück zurück, so bemerken wir, daß wir nur noch ein Blatt davon vor uns haben. Wir schlagen dies Blatt auf und sehen eine Eingabe, an deren Rande steht: Decretum: Reponantur acta. Die Acten sind wegzulegen, d. h. die Sache ist aus. Wie geht das zu? Hat der Schneider Leidemit endlich eine Heimathsstelle gefunden, wo er bei Tage arbeiten und des Abends sein Haupt in Ruhe niederlegen kann? Allerdings, der Schneider Leidemit hat eine Heimathsstelle gefunden. Die Eingabe, auf der Reponantur acta verfügt worden, ist aus dem Dorfe Hammelstall her, das an der Mecklenburgischen Grenze liegt. Der Schulze schreibt, daß Leidemit am Sonnabend vorher einpassirt[2] und im Kruge[3] liegen geblieben sei; der Schäfer[4] meinte, es sei ein zehrendes Fieber[5] gewesen. Das baare Geld sei für

---

[1] *Preußen.*

[2] *mit einem Paß als Genehmigung eingetroffen, angekommen.*

[3] *Gastwirtschaft.*

[4] *Da Ärzte teuer und auf dem Lande oft nicht vorhanden sind, nehmen sich Schäfer der Kranken an.*

[5] *In der Zeit ist damit meist eine Erkrankung an Tuberkulose gemeint.*

die Begräbnißkosten darauf gegangen; die Stiefeln hätten den Transport nicht gelohnt; brauner Tuchrock, Weste und Nanking-Hosen[1] sind der Heimathsbehörde übersandt. Die übrigen Sachen hat der Krugwirth an Zahlungsstatt an sich genommen. —

Vielleicht kommt Leidemit's Sohn 'mal auf seiner Wanderschaft nach Hammelstall und sucht das Grab seines Vaters auf, vielleicht pflanzt er ihm dann ein Kreuz darauf. Und schreibt daran als Motto die Worte, die vor wenigen Jahren der baierische Deputirte[2] v. Lasaulx von der Tribüne sprach: „sollte ich noch ein Mal geboren werden, so möchte ich nicht, daß es wieder in Deutschland wäre."

[24] Wir aber, wir lernen aus der alltäglichen Geschichte, die ich mir hier zu referiren erlaubt habe, wieder einmal zweierlei:

1. Es ist ein Jammer um die deutsche Nation, so lange die Kleinstaaterei[3] im Gange bleibt; und

---

[1] *Nanking ist ein ein leinwandartiges Kattun-Gewebe, das eine gelbliche Farbe hat.*

[2] *Abgeordnete.*

[3] *Preußen ist allerdings in der Zeit der mit Abstand größte Staat im Deutschen Bund, abgesehen von Österreich. Insofern ist mit der Kleinstaaterei hier wohl auch allgemein die Zersplitterung des Landes in viele Einzelstaaten gemeint.*

2. Wir wollen unsere Abgeordneten nicht um neue Gesetze bitten, sondern darum, daß sie erst durch ein Schock[1] alte einen Strich machen.

---

[1] *sechzig.*

Anhang

Besprechung in den Deutschen Blättern[1].

Schneider Leidemit — oder **Gesund und marschfertig bin ich** — oder **Wie ein deutsches Landeskind einen Landesvater sucht** — oder **Was ist ein Deutscher ohne amtliche Papiere?** Alle diese lustigen Titel könnte man der Geschichte geben, wenn sie nicht gar so herzzerreißend und traurig wäre. Da ist ein Büchlein erschienen unter dem Titel: Ein deutsches Lebensbild von R. Zelle (Berlin, bei Jansen), und es enthält auf 24 Seiten Leben, Wanderung und Tod des Schneidergesellen Johann Leidemit — der Name ist wunderbar zutreffen — und da ist actenmäßig zu lesen, wie ein Deutscher, der mit ehrlicher Arbeit sein Brod verdienen will, von Meklenburg nach Preußen und von Preußen nach Meklenburg hin und her gehetzt wird, bis er endlich im Dorfe Hammelstall an der Mecklenburgischen Grenze stirbt, und da heißt es,

---

[1] *Beigabe zur Gartenlaube, Nr. 3, 1862*

Anhang

„die Stiefeln hätten den Transport nicht gelohnt, brauner Tuchrock, Weste und Nankinghosen sind der Heimathsbehörde übersandt, die übrigen Sachen hat der Krugwirth an Zahlungsstatt an sich genommen."

„Gesund und marschfertig bin ich!" hat der brave arme Teufel wiederholt unter das Protokoll schreiben müssen, wenn er hin- und herwandern mußte, weil er immer zwischen der Ansässigmachung schwebte und sie nicht erlangen konnte.

Das Büchlein trägt das Motto (von Lasaulx) und schließt auch mit demselben: „Sollte ich noch einmal geboren werden, so möchte ich nicht, daß es wieder in Deutschland wäre."

Diese kleine Geschichte bringt die Thatsache und den himmelschreienden Jammer unserer Zerrissenheit so entsetzlich zu Tage und zeigt, welche Morde noch im Wege Rechtens möglich sind, daß hoffentlich Niemand mehr in Vertrauensseligkeit und Ruhesucht spricht: Es sieht doch nicht gar so schlimm bei uns in Deutschland aus!

Ein deutsches Schneidergesellenleben[1]

[1] Unter dem Titel: „Ein deutsches Lebensbild", und mit dem Motto von Lasaulx[2]: „Sollte ich noch einmal geboren werden, so möchte ich nicht, daß es in Deutschland wäre", ist soeben ein von Robert Zelle gehaltener Vortrag im Druck erschienen. Der Vortrag enthält eine lehrreiche Geschichte, die wir hier zu Nutz und Frommen nacherzählen.

Durch Zufall kam dem Verfasser ein Actenstück in die Hände, das von dem Schneidergesellen Johann Leidemit handelt; ein dickleibiges Heft von mehreren hundert Bogen. Als er es durchblättert hatte, trat ihm erschreckend vor die Augen, was noch heute alles mit einem deutschen Unterthan von gesetzeswegen gemacht werden kann. Wenn er dabei die Namen der in Betracht kommenden Orte und Behörden verändert oder verschweigt, so thut dies dem Vortrage selbst keinen Eintrag.

---

[1] *Aus: Die Presse, 3. Oktober 1862, Seite 1-3.*

[2] *Ernst von Lasaulx (1805-1861) war ein bayerischer Philologe und Geschichtsphilosoph, später Rektor der Universität München. 1848 war er Mitglied der Nationalversammlung in der Paulskirche (Fraktion Café Milani), von 1849 an gehörte er der Kammer der Abgeordneten im Bayerischen Landtag an.*

Anhang

Die ersten Blätter der Acten zeigen den Schneidergesellen Leidemit im Criminal-Gefängnisse. Er war
1855 aus seinem Heimatsdorfe Foppelow in Mecklenburg-Schwerin[1] nach einer großen preußischen Stadt
gekommen. Hier begab es sich, daß eine Frau Geheimräthin bestohlen wurde, bei der seine Schwester
diente. Er hatte die Schwester häufig besucht, besonders des Abends, wenn er von der Arbeit kam. Also
Grund genug zu der Annahme, daß er der Thäter sei.
Am 11. December ward er verhaftet, und vom 18. December datirt der polizeiliche Rapport[2]: „Leidemit wegen gewaltsamen Diebstahls an das Gericht abgegeben." Ueber die verschiedenen Proceduren, die jetzt
mit Leidemit vorgenommen wurden, um ihn zum Geständniß zu bringen, und die Kontroversen, die sei-
netwegen zwischen Untersuchungsrichter und Staatsanwalt und Unter- und Obergericht gepflogen wurden,
eilen wir flüchtig hinweg. Genug, Leidemit blieb 20

---

[1] *Es gab zwei Großherzogtümer, Mecklenburg-Schwerin und
Mecklenburg-Strelitz, die von verwandten Häusern regiert wurden. Bismarck wird der Spruch zugeschrieben, er werde bei einem Weltuntergang nach Mecklenburg ziehen, weil dort alles
fünfzig Jahre später passiert. Tatsächlich sind die beiden Mecklenburgs wohl die rückständigsten Staaten in Deutschland, wo
die Leibeigenschaft erst spät abgeschafft wird, Juden rechtlich
zurückgesetzt sind oder die Prügelstrafe noch gilt. Die arme Be-
völkerung stellt dementsprechend ein großes Kontingent der
Auswanderer nach Amerika.*

[2] *Bericht.*

volle Wochen eingesperrt, bis man sich durch das Geständniß der wirklichen Diebe von seiner Unschuld überzeugt hatte. Mitte Mai 1855 kam er los. Das nächste Blatt der Acten trägt die Jahreszahl 1857. Ist es etwa wieder eine Haft-Anzeige? Ist Leidemit durch den zwanzigwöchentlichen Aufenthalt unter Verbrechern vielleicht jetzt wirklich auch Verbrecher geworden? Keineswegs. Wir sehen ein Attest[1] eines Schneidermeisters Herzog, worin bezeugt wird, daß er die ganze Zeit seit seiner Entlassung bei diesem in Arbeit gestanden, und sich in jeder Hinsicht musterhaft geführt habe. Leidemit überreicht dies Attest mit einem Gesuche um ein Führungsattest. Letztens wird von seiner Heimatsbehörde verlangt, die er um einen „Heimatsschein"[2] ersucht hat. Diesen wiederum muß er haben, um ein Naturalisation-Gesuch[3], welches er anzubringen beabsichtigt, zu begründen. Das Führungsattest, um welches Leidemit gebeten hatte, erhält er gegen 1 Thlr.18 Sgr. 9 Pf.[4]; im übrigen wird er von der Polizei-Obrigkeit an die Stadtbehörde gewiesen, welche für das Kämmereidorf[5] Kietz, in dem er jetzt

---

[1] *Bescheinigung.*

[2] *Bescheinigung, daß man eine „Heimat" hat, also eine Gemeinde, die einen aufnehmen und bei Verarmung versorgen muß.*

[3] *Antrag auf Einbürgerung.*

[4] *1 Taler = 30 Silbergroschen, 1 Silbergroschen = 12 Pfennige.*

[5] *Eine Quelle für Einkünfte können Besitzungen sein, in diesem*

wohnt, die Polizei verwaltet. Diese Behörde verfügt nach Leidemit's Vernehmung, über sein Naturalisations-Gesuch die Ausweisung, und er wäre schon jetzt nach Mecklenburg zurückspedirt[1], wenn nicht die Registratur[2] dazwischengetreten wäre. Dem Registrator[3] war er zufällig bekannt geworden; derselbe macht die „gehorsamste Anzeige", daß Leidemit, wie er versichern könne, ein durchaus ordentlicher Mensch sei, der sich durch eisernen Fleiß und die trefflichste Führung der Berücksichtigung ganz ausnehmend empfehle. Indessen die Ausweisung war aufgeschoben, nicht aufgehoben. Sie wird zuletzt doch verfügt, weil Leidemit keine Mittel habe, und die Gefahr nahe liege, daß er der Armenkasse zur Last fallen werde. Leidemit weist nach, daß er 200 Thlr.[4] besitze, und reicht ein Attest seines Predigers ein, wonach das Niederlassungsgesuch[5] aufs dringendste befürwortet wird. Un-

---

Fall ein Dorf, das der oder zur Stadt gehört.

[1] *zurückverfrachtet.*

[2] *Archiv der Gemeinde.*

[3] *Vorsteher der Registratur, des Archivs der Gemeinde.*

[4] *Das ist die Größenordnung eines Jahresgehalts, also recht viel.*

[5] *Hier geht es nur um die Niederlassung, die das Wohnen und Arbeiten gestattet, während Johann Leidemit sich gleichzeitig auch um die weitergehenden Rechte eines Staats- und Gemeindebürgers bemüht (und auch bemühen muß).*

glücklicherweise wird in diesem Attest aber hinzugefügt, daß er unausgesetzt um sein Aufgebot bitte, und
sich, sobald ihm die Niederlassung gestattet sei, mit
seiner Landsmännin und Braut, der unverehelichten
Täuvmann, verheiraten wolle. Die letztere Bemerkung
bewirkte gerade das Gegentheil von dem, was sie bewirken sollte. Der Referent hat schon von Anfang an
im Geiste den Leidemit der Armenkasse zur Last fallen sehen; jetzt sieht er ihn durch die beabsichtigte
Heirat in naher Zukunft unendlich vervielfältigt; neben
dem einen Leidemit schweben ihm noch zehn kleine
vor, welche um Brod schreien. Ueber diesen Gedanken vergißt er nun ganz den Leidemit selbst und wendet sich vorläufig gegen die unverehelichte Täuvmann,
die sofort über die Grenze soll. Es rettet sie aber ein
anderer Umstand. Die Vorladung kommt mit dem
Bemerken des Briefträgers zurück: „Verzogen, unbewußt wohin". Nun geht man wieder dem Leidemit
selber zu Leibe; er wird ausgewiesen, weil er sich wegen Verdachts der qualificirten Hehlerei[1] längere Zeit
in criminalischer Untersuchung und Haft befunden
habe. Leidemit rettet sich aus dem ungastlichen Kämmereidorfe nach der Stadt und richtet sofort eine Eingabe an die Polizei-Obrigkeit, worin er um ein Attest
bittet, daß er die 20 Wochen unschuldig gesessen habe, und daß dieser Grund seinem Naturalisations-

---

[1] *Qualifizierte Hehlerei wäre entweder gewerbsmäßige oder in*
Banden betriebene Hehlerei, was ja selbst bei Nachweis der Tat
nicht der Fall gewesen wäre.

Gesuche nicht im Wege stehe. Diese Eingabe ist auf einem Stempelbogen[1] abgefaßt. Dergleichen Stempelbogen finden wir in den Acten über ein Dutzend. Leidemit gebraucht sie immer, wenn er ganz in die Enge getrieben ist und sich gar nicht mehr zu retten weiß. Offenbar war er der Meinung, ein Stempelbogen thue mehr Wirkung als ein anderer. Hierin hatte er sich aber diesmal verrechnet. Anstatt aller Antwort wird er sistirt[2], d. h. von einem Polizeibeamten aus seiner Wohnung geholt, und dann ad protocollum[3] in aller Form Rechtens unter Androhung von Zwangstransport oder polizeilicher Haft bis zu vier Wochen, ausgewiesen. Das Protocoll endet mit den verhängnißvollen Worten: „Gesund und marschfähig bin ich".

Was ist aus Leidemit geworden? fragen wir, nachdem wir einige Blätter des dicken Actenheftes überschlagen haben. Hat er nach so vielen Hindernissen europamüde [2] Deutschland und seiner Braut den Rücken gewendet und sich dem Strome seiner Landsleute[4] angeschlossen, der jährlich nach Amerika so reich-

---

[1] *Papier, das durch einen Stempel gekennzeichnet ist, der eine Abgabe (Stempelgebühr) bescheinigt. Solche Bögen wurden für offizielle Dokumente benötigt. Johann Leidemit möchte damit wohl seinen Eingaben einen seriösen Charakter verleihen und alles richtig machen. Eigentlich ist das überflüssig.*

[2] *festnehmen.*

[3] *mit Aufnahme eines Protokolls.*

[4] *Aus Mecklenburg wird unter den deutschen Staaten besonders*

lich abfließt? Ist er wenigstens in dem hartnäckigen Vorsatze müde geworden, sich naturalisiren zu lassen und ein Preuße sein zu wollen? Nein; das nächste Blatt ist schon wieder ein Stempelbogen, also eine unverkennbare Spur von ihm. Er schreibt aus Foppelow in Mecklenburg, daß er trotz aller Bemühungen keine Arbeit in seinem Metier finden könne. Zugleich legt er eine Aufforderung seines früheren Arbeitgebers Herzog bei, worin ihn dieser ersucht, zurückzukehren und bei ihm in Arbeit zu treten. Er wolle ihn als Werkführer bei gutem Gehalte engagiren, da er gestehen müsse, daß er noch keinen so tüchtigen Arbeiter, wie er sei, gefunden habe. Leidemit deutet schüchtern an, daß nach dem Gesetz ausländische Handwerksgesellen in Preußen zugelassen werden müssen, wenn sie eine solche Verschreibung eines Preußischen Arbeitgebers beibringen. Er bittet, die Antwort seiner Braut zugehen zu lassen, welche sich nach ihrer Ausweisung aus Mutz wieder nach der Stadt gewendet hatte. Diese erhält den mündlichen Bescheid, Leidemit dürfe nur dann zurückkehren, wenn er die Erlaubniß seiner Heimatsbehörde mitbringe, sich in Preußen zu verheiraten. Aber Bräute sind sanguinisch[1], und Trennung ist bitter. Die Täuvmann hatte nichts Eiligeres zu tun, als den Leidemit zur Rückkehr aufzufordern, vergaß aber

---

viel ausgewandert.

[1] *von lebhaftem Temperament.*

dabei zu sagen, daß der Heiratsconsens[1] von der Heimatsbehörde ausgestellt sein müsse. So kommt er wieder an, blos mit einer Heiratserlaubniß der Eltern bewaffnet. Er wird sofort sistirt, und trotzdem er verspricht, binnen acht Tagen das amtliche Attest zu beschaffen, lesen wir wieder: „Gesund und marschfähig
bin ich."

Aber mit der Ausweisung ist es noch nicht genug;
weil er unmotivirt[2] zurückkehrt, wird er zu drei Tagen
Gefängniß verurtheilt. Bei dieser Gelegenheit sehen
wir zum erstenmale die Milch der frommen Denkungsart sich in gährend Drachengift verwandeln, wie
Schiller von Wilhelm Tell sagt. Bis dahin hat er ausweislich der Acten alles wie ein Lamm getragen und
stets die Protocolle unterzeichnet, worin er ausgewiesen wurde, und bezeugen mußte: „Gesund und
marschfähig bin ich." Aber unter dem Protocelle, in
dem ihm das Strafresolut[3] publicirt[4] wird, befindet sich

---

[1] *Wie in vielen anderen deutschen Staaten wird auch in Mecklenburg eine Erlaubnis der Behörden verlangt, um heiraten zu
dürfen. Hierzu muß etwa nachgewiesen werden, daß man
wahrscheinlich eine Familie ernähren kann. Die Kehrseite davon
ist, daß viele, ohne Trauschein zusammenleben müssen. Das ist
besonders stark in Mecklenburg verbreitet.*

[2] *ohne einen Grund dafür zu haben.*

[3] *Strafentscheidung.*

[4] *bekannt gemacht.*

der Vermerk: Leidemit verweigert die Unterschrift. Nachdem er die drei Tage abgesessen, ward er zurücksistirt. Es erfolgt eine neue Ausweisung; er unterschreibt: „Gesund und marschfähig bin ich," und erhält eine gelbe Reiseroute[1] in die Heimat.

Seinen Wiederaufenthalt im Vaterlande Mecklenburg hat Leidemit, wie aus den Acten hervorgeht, mit einer Menge vergeblicher Versuche, von den mecklenburgischen Behörden einen Heiratsconsens zu erlangen, zugebracht. Doch wir kehren umsomehr aus Mecklenburg nach Preußen zurück, als unser Leidemit es ebenso gemacht hatte. Er selbst hütet sich wohl, sich hier zu melden; aber dafür begegnen wir in den Acten einer an den Landrath gerichteten Eingabe des Schneiders Trillhose zu Mutz aus dem Anfange des Jahres 1859, worin es heißt: „Hier wohnt jetzt ein Schneidergeselle, Leidemit heißt er, aus Mecklenburg gebürtig, heimatlos, ist auch nicht Meister, der Schulze beherbergt ihn und nimmt ihn in Schutz. Wir sind schon zwei Schneider auf dem kleinen Ort, also sucht der Schulze uns alle zu verderben[2]. Also in dringender Bitte flehen wir den Herrn Landrath um Hilfe in unse-

---

[1] *Vermutlich bezieht sich das auf die Kleidung, die die Abgeschobenen auf der Fahrt zur Grenze tragen müssen. Johann Leidemit trägt beispielsweise bei seiner Abschiebung eine „Nankinghose" (siehe unten), wobei „Nanking" ein leinwandartiges Kattun-Gewebe ist, das eine gelbliche Farbe hat.*

[2] *ins Verderben zu stürzen.*

rer Noth, denn Sie werden Ihren Unterthanen Beistand leisten." Der Schulze, über die Beschwerde vernommen, erklärt, Leidemit bemühe sich sehr, preußischer Unterthan zu werden, und betreibe unablässig sein Naturalisations-Gesuch. Bei den anderen Schneidern könne kein Mensch arbeiten lassen, der auf sich etwas gebe; Leidemit sei eine wahre Wohlthat und ein Bedürfniß für den Ort und werde auch sonst von jedermann gern gesehen.

Trotzdem wird Leidemit von der Behörde zur Verantwortung gefordert. Derselbe erklärt, er sei zurückgekommen, weil ihn das Elend der Seinigen gejammert habe. Verheiraten habe er sich nicht dürfen, weil er keine Naturalisation erhalten, und die Naturalisation habe er nicht erhalten, weil er sich nicht habe verheiraten dürfen, und seine Braut nicht habe verlassen können. Alle Atteste zur Naturalisation seien längst da, aber weder in Mecklenburg, noch in Preußen könne er, trotz aller Bemühungen, und trotzdem er ein Arbeiter mit reichlichem Auskommen sei, die Erlaubniß zur Begründung eines eigenen Herdes erhalten. So sei es denn zu seiner tiefen Betrübniß im Laufe der Jahre gekommen, daß seine Braut, ohne daß der Bund kirchlich eingesegnet worden, einige Kinder bekommen hätte, Die Noth dieser Kinder und der Mutter habe ihn nicht länger in der Fremde bleiben lassen. Er sei zurückgekehrt, wolle gern den Kindern den ehrlichen Namen verschaffen[1], und bitte um endliche Naturalisation.

Vorher waren zwei Eigenschaften Leidemit's geltend gemacht, um das Gesuch abzulehnen: er war Concubin[2] und Untersuchungs-Gefangener gewesen. Jetzt wird er wegen einer dritten Eigenschaft abgewiesen, die er an sich hat. Sein Verbrechen ist jetzt das, daß er Gewerbtreibender ist. Die Behörde nahm als notorisch an, daß die einheimischen Schneider sich in großer Kalamität[3] befänden; es lag also, wie nach der Heydt'schen[4] Gewerbe-Ordnung gefordert wird, kein „erheblicher Grund" zur Zulassung des Leidemit vor. Im Sommer 1859 gelangt wieder eine geharnischte Vorstellung des Schneiders Trillhose zu den Acten. Leidemit hat einem Bauer einen Gehrock und einem Kossäten[5] eine baumwollene Weste angefertigt. Es wird um strengste Bestrafung gebeten und Leidemit in

---

[1] *sie zu ehelichen Kindern machen.*

[2] *Männliche Form zu „Concubine". Die Bedeutung ist nicht die heute zu „Maitresse" verengte, sondern daß ein Paar ohne Trauung im „Concubinat" zusammenlebt.*

[3] *Notlage, großes Unglück.*

[4] *August von der Heydt (1801–1874), preußischer Handels- und Finanzminister.*

[5] *Dorfbewohner, die in einer kleinen Kate wohnen und so wenig Landbesitz haben, daß sie meist als Landarbeiter dazuverdienen müssen.*

der That mit 5 Thlr. Geldbuße, eventuell drei Tagen Gefängniß, angesehen. Zugleich verfügt der Referent: Dem hartnäckigen Treiben des Leidemit wird nun am sichersten durch dessen sofortige Ausweisung ein Ende zu machen sein. Das nächste Blatt der Acten ist eine Sturmpetition der Mutzer an die Kämmereibehörde. Sämmtliche ansässige Wirthe[1]: Bauern, Bündner und. Kossäten, haben Gesuch aufgesetzt, worin sie bitten, ihnen den Leidemit zu belassen. „Es wäre eine Schande mit anzusehen," sagen sie, „wie wir in Mutz früher einhergingen. Das Zeug hing Einem am Leibe herum und die Jungen liefen uns nach, wenn wir uns an einem andern [3] Orte blicken ließen. Voraus bei den Segensröcken (zur Confirmation) zeigte sich der Umstand, und die Eltern schmissen Zeug[2] und Geld weg". Da sei ihnen denn Leidemit als ein wahrer Trost erschienen, und sie könnten ohne ihn gar nicht mehr fertig werden. — Leidemit selbst begleitet dies Gesuch mit der Bitte auf Stempelbogen, ihm doch den Aufenthalt in Mutz zu gestatten, und führt dabei an, daß er seit vier Wochen mit seiner Braut getraut sei. Ob dieses unerhörten Umstandes entsteht ein gewaltiger Lärm. Man vergißt Leidemit und geht auf den Prediger los, der ihn gegen das Gesetz von 1854 getraut hatte, wonach Ausländer in Preußen bei Strafe gegen die

---

[1] *Gemeint sind hier eher Landwirte und nicht Betreiber einer Gastwirtschaft.*

[2] *Tuch, Stoff.*

Ein deutsches Schneidergesellenleben

Geistlichen nur dann getraut werden dürfen, wenn sie durch ein Attest ihrer Heimatsbehörde nachweisen, daß sie zur Eingehung der Ehe im Auslande nach den heimischen Gesetzen und unbeschadet ihrer Staatsangehörigkeit befugt sind. Während der Staatsanwalt beschäftigt ist, gegen den Prediger seine Schuldigkeit zu thun, setzt wieder der Schneider Trillhose gegen Leidemit Himmel und Hölle, Landrath und Stadtbehörde in Bewegung. Leidemit wird mehrfach sistirt und peinlich verhört[1]. Das letzte Protocoll schließt wieder mit den Worten: „Gesund und marschfähig bin ich." Ein Zwangspaß[2] wird ausgefertigt und die ganze Familie wäre nun ohne Gnade über die Grenze transportirt worden, wenn nicht die Kinder (jetzt sind es schon ihrer drei geworden) an den Masern erkrankt wären. Zum Glück haben diese Drei es so eingerichtet, daß sie sich nach einander legten. Der Landrath erinnert alle vierzehn Tage wegen der Ausweisung, erhält aber immer die Antwort, daß die Masern noch nicht vorüber seien. — Die nächsten Blätter der Acten zeigen uns drei Erkenntnisse des strafenden Richters. Das erste spricht Leidemit bezüglich einer angefertigten

---

[1] *Wörtlich: Verhör mit Folter. Allerdings ist die Folter in Preußen schon seit 1740 abgeschafft, sodaß nur im übertragenen Sinne ein sehr eindringliches Verhör gemeint ist.*

[2] *In der Zeit benötigt man in vielen Fällen beim Reisen einen Paß, der einem das Recht zum passieren gibt. Bei einem Zwangspaß ist es umgekehrt die Pflicht, passieren zu müssen, nämlich außer Landes.*

leinenen Jacke frei, weil diese That bereits verjährt sei; das zweite verurtheilt ihn wegen eines ähnlichen Vergehens gegen die v. d. Heydt'sche Gewerbegesetzgebung zu 10 Thalern oder 6 Tagen Gefängniß; das dritte ist gegen den Prediger gerichtet, der seine criminelle Handlung, das Leidemit'sche Paar getraut und die Kinder aus Bastarden[1] zu legitimen gemacht zu haben, mit 12 Thaler oder 8 Tagen Gefängniß zu büßen hat.

Leidemit berechnet sich inzwischen, daß ihm die ewigen Bestrafungen theurer zu stehen kommen, als die Meisterprüfung. Er besteht dieselbe mit Glanz und reicht der Behörde das Attest darüber ein. Es wird ihm indessen die niederschmetternde Antwort, daß ihm das gar nichts helfe, denn im §. 18 der allgemeinen Gewerbe-Ordnung stehe geschrieben: „Ausländer dürfen, sofern nicht durch Staatssekretäre ein Anderes bestimmt ist, nur mit Erlaubniß der Ministerien in unseren Staaten ein stehendes Gewerbe[2] betreiben." Jetzt verfaßt er eine Eingabe an die königliche Regierung. Seine Bitte um Naturalisation ist wieder von dem Vorstande des Dorfes warm unterstützt. Alle Einwohner verlören den Leidemit höchst ungern; derselbe habe aber durch die vielen Geldstrafen und Verfolgungen oft die Nächte durch aufsitzen und arbeiten müssen,

---

[1] *unehelichen Kindern.*

[2] *Im Gegensatz zu einem Gewerbe im Herumziehen, also eines mit einem festen Sitz.*

so daß er schon krank geworden sei und gewiß drauf gehen werde, wenn er nicht bald die „Erlaubniß zu seiner Existenz" erhalte. Der Bericht, den die Unterbehörden erstatten, lautet natürlich abschlägig. Während Leidemit die Regierung anging, hat Trillhose sich an das Ministerium gewendet. Er sagt in seinem Gesuche unter anderm: „In meinem nothgedrungenen Interesse der Selbsterhaltung lege ich diesen Nothschrei vor die Füße Eurer Excellenz. Thatsache ist und bleibt die Anwesenheit des Leidemit, welcher nach wie vor unbefugt selbst fortarbeitet und dadurch unsere Einnahmen schmälert. Ich beantrage dieserhalb gehorsamst, daß der Leidemit endlich aber ganz bestimmt ausgewiesen wird, sowie ich unterthänigst verharre" u. s. w. — Aus dem Berichte der Unterbehörde erfahren wir, daß die längst endgiltig beschlossene Ausweisung nicht habe effectuirt[1] werden können, da Leidemit's Kinder zwar wieder hergestellt seien, er selbst aber seit einiger Zeit an einem schleichenden Fieber daniederliege. Trillhose ist wahrscheinlich in diesem Sinne beschieden worden, denn er zeigt im Herbst 1860 an, Leidemit sei wieder gesund wie ein Fisch, und arbeite wo möglich mehr als je vorher. Wenn jetzt nicht endlich die Ausweisung erfolge, und zwar im Wege des Schubes[2], so werde er sich Sr.[1] Majestät selbst zu Füßen werfen.

---

[1] *durchgeführt*

[2] *als Gefangenentransport mit mehreren Abgeschobenen.*

Anhang

Die Antwort des Ministers scheint den Wünschen Trillhose's gemäß ausgefallen zu sein, denn es findet sich in den Acten eine neue Verhandlung, die mit den bekannten ominösen Worten endet: „Gesund und marschfähig bin ich." Wegen der „Hartnäckigkeit" des Inculpaten[2] müssen mehrere Organe der ausübenden Gewalt[3] den Abmarsch controliren, die denn auch schon am zweiten Tage berichten, daß Leidemit nun wirklich Mutz verlassen habe. Wir haben das Actenstück bald durchlaufen, denn wir haben nur noch ein einziges Blatt vor uns. Wir schlagen dieses Blatt auf und sehen eine Eingabe, an deren Rande steht: Decretum: Reponantur acta. Die Acten sind wegzulegen, d. h. die Sache ist aus. Wie geht das zu? Hat der Schneider Leidemit endlich eine Heimatsstelle gefunden, wo er bei Tage arbeiten und des Abends sein Haupt in Ruhe niederlegen kann? Allerdings, der Schneider Leidemit hat eine Heimatsstelle gefunden. Die Eingabe, auf der Reponantur acta verfügt worden, ist aus dem Dorfe Hammelstall her, das an der mecklenburgischen Grenze liegt. Der Schulze schreibt, daß Leidemit am Samstag vorher einpassirt[4] und im Kruge[5]

---

[1] *Abkürzung bei adeligen Titeln für „Seiner".*

[2] *Beschuldigten.*

[3] *Exekutive.*

[4] *eingetroffen.*

[5] *Dorfschenke, betrieben vom „Krugwirt".*

liegen geblieben sei; der Schäfer[1] meinte, es sei ein zehrendes Fieber gewesen. Das bare Geld sei für die Begräbnißkosten darauf gegangen; die Stiefeln hätten den Transport nicht gelohnt; brauner Tuchrock, Weste und Nankinghose sind der Heimatsbehörde übersendet. Die übrigen Sachen hat der Krugwirth an Zahlungsstatt an sich genommen. Vielleicht kommt Leidemit's Sohn mal auf seiner Wanderschaft nach Hammelstall und sucht das Grab seines Vaters auf; vielleicht pflanzt er ihm dann ein Kreuz darauf und schreibt daran als Motto die Worte, die vor wenigen Jahren der baierische Deputirte v. Lasaulx von der Tribüne sprach: „Sollte ich noch einmal geboren werden, so möchte ich nicht, daß es wieder in Deutschland wäre."

---

[1] *Da Ärzte teuer und auf dem Lande oft nicht vorhanden sind, nehmen sich Schäfer der Kranken an.*

WEITERE BÜCHER ZUM THEMA
BEI LIBERA MEDIA

- Karl Braun: Die Freizügigkeits-Gesetzgebung der Schweiz

- Karl Braun: Studien über Freizügigkeit

- Wilhelm Lette: Die Freizügigkeit, das wichtigste Grundrecht für die arbeitenden Klassen

- Salomon Neumann: Die Fabel von der jüdischen Masseneinwanderung

- Franz von Holtzendorff: Die Auslieferung der Verbrecher und das Asylrecht

Weitere verwandte Titel auf unserer Website unter:

http://libera-media.de